KARL PLOMIN

Der vollendete Garten

Die Kunst, mit Pflanzen umzugehen,
dargestellt in 23 Vegetationsbildern

32 Farbbilder
17 Zeichnungen
1 Diagramm der Standorteinflüsse
sowie 23 Topogramme

2., durchgesehene Auflage

VERLAG EUGEN ULMER STUTTGART

Sämtliche Zeichnungen vom Verfasser
Titelbild und Farbbild 32 von Herbert Plomin,
alle weiteren Farbaufnahmen von Peter Plomin

CIP-Kurztitelaufnahme der Deutschen Bibliothek

Plomin, Karl
Der vollendete Garten : d. Kunst, mit Pflanzen
umzugehen, dargest. in 23 Vegetationsbildern. –
2., durchges. Aufl. – Stuttgart : Ulmer, 1977.
    ISBN 3-8001-6088-9

© 1975, 1977 Eugen Ulmer GmbH & Co., Stuttgart, Gerokstr. 19
Printed in Germany
Umschlaggestaltung: A. Krugmann, Stuttgart
Satz: Knauer Layoutsatz GmbH, Stuttgart
Druck: Sulzberg-Druck GmbH, Sulzberg i. A.

Vorwort

Wenn über dem himmelblauen See von *Omphalodes verna*
Magnolien ihre alabasterweißen Blütenschalen öffnen, die sich
in rosafarbenen Blütenständen der *Rhododendron*-William-
sianum spiegeln, so spürt man in diesem Wechselspiel Atmosphäre. Sie ist ein Ergebnis des Standorts und aller auf ihn
einwirkenden Einflüsse. Der Geist des Raumes wird sichtbar.
Ihn zu erkennen und die jeweils rechte Melodie zu finden,
ist der Sinn dieses Buches. Nur so ist der etwas anspruchs-
volle Begriff des vollendeten Gartens gemeint.
Den vollendeten Garten an sich gibt es nicht. Gärten sind
nicht statisch, sondern dynamisch. Ihr Reiz liegt im ständi-
gen Wandel, bedingt durch die Entwicklung ihrer Vegetation
im Zeitenablauf.
Sowohl in trockenem Kies wie in fruchtbarem Gartenboden
liegen Möglichkeiten überzeugender Darstellung von Vegetationsbildern, die in ihrem Inhalt anders sind als eine Interpretation natürlicher Vorbilder. Erst die Zwischenschaltung
schöpferischer Vorstellungskraft schafft den Begriff des Gartens als küntlerische Aussage des Menschen.
Dies Buch enthält weder Rezepte noch Ratschläge, die in einer
Vielzahl guter Gartenbücher zu finden sind. Es soll nur ein
kleiner Beitrag sein, um Verständnis für den Umgang mit
Pflanzen im Garten, als beglückendes Gestaltungselement,
zu vermitteln. Gelingt dies, so ist damit der Wunsch des Ver-
fassers erfüllt.

Hamburg-Poppenbüttel, Sommer 1975   Karl Plomin

Inhaltsverzeichnis

Vegetationsbilder 29

Einleitung

Das wäre ein armer Mensch, der nicht bestätigen könnte: „Garten" kann wahrhaft erlebt werden. Ist er nicht die Freistatt, die den Menschen „zu sich kommen" läßt? Hier darf er frei und – endlich! – auch einmal allein sein. Hier schwindet das Enge, Verkrampfte und Ungute unseres Alltags, das den Körper und die Seele krank macht. Das Erlebnis des Gartens kann heilende Medizin sein.

Diese Erkenntnis gibt dem Garten unserer Zeit Thema und Inhalt. Er kann heute weder Repräsentationsmittel noch Statussymbol sein. Er ist Lebensraum, mag es sich um den Hausgarten handeln, um eine öffentliche Grünanlage oder um ein Erholungsgebiet, und mag er mehr kontemplativ oder eher aktiv genutzt werden.

Seine Form, sein Charakter entsteht aus der Funktion, die er erfüllen soll. In dieser Hinsicht muß vor allem der Garten am Haus vielen und vielerlei Wünschen gerecht werden – kaum einer, der sich nicht verwirklichen ließe. Das Ergebnis ist dann ein grüner Wohnraum, aber noch kein Garten.

Gärten werden erst durch die Pflanze. Erst die Pflanzung läßt über die ihr zugewiesene Funktion hinaus Werte auf anderer Ebene erkennen, die uns durch das große Gartenspiel mit seinem Reichtum an Arten, Farben und Formen immer neu und ständig wechselnd im Ablauf der Jahreszeiten dargeboten werden – sofern diese Pflanzung überzeugend entwickelt wurde.

Was verstehen wir nun unter einer Pflanzung, die uns diese Erlebniswerte vermittelt?

Solange es Gärten und Gärtner gibt, wird gepflanzt und darüber geredet und geschrieben. Man sollte meinen, ein seit Menschengedenken getriebenes Spiel habe so viel Erfahrungstatsachen, Rezepte und Grundgesetze herauskristallisiert, daß über diese Frage eine Diskussion kaum mehr sinnvoll wäre. Betrachten wir aber eine Vielzahl von Gärten und öffentlichen Grünflächen, so werden wir nur selten einen überzeugenden Eindruck vom wirkungsvollen Zusammenklingen der kombinierten Arten einfangen. Meist wird nur das an sich schöne Erscheinungsbild der Einzelpflanze betrachtet – dabei könnte die richtige Zuordnung von Nachbarpflanzen die Wirkung ungeahnt steigern! Es wird das irgendwo Gesehene und dort als schön empfundene ohne gegenseitige Beziehung, meist viel zu eng, zusammengepflanzt. Das Ergebnis ist ein zufälliges, charakterloses Gebilde ohne erkennbaren inneren Zusammenhang der Erscheinungen – eine Dekoration, bestenfalls eine Sammlung. Und so bevölkern unsere Gartenlandschaften Kombinationen unvereinbarer Gegensätze. Da bedrängen sich Gruppen von silbergrauem Sanddorn und dunkelgrünen Weigelien, überschirmt von Omorikafichten, die von Fliederbüschen eingefaßt werden. Kostbare Rhododendron kümmern im Wurzeldruck eines riesigen flachwurzelnden Zuckerahorns, dessen Fuß gegen den Rasen durch Krummholzkiefern abgeschirmt wird. Es bedarf keiner großen Mühe, solche unmöglichen Kombinationen zu finden.

Bestimmende Gesetze für den Aufbau einer Pflanzung

Wo finden wir nun den Schlüssel zu dem Geheimnis einer überzeugend aufgebauten Pflanzung? Gibt es Ordnungen, die uns den richtigen Weg zeigen?

Eine Teilantwort geben uns Vegetationsbilder, die sich unter naturgegebenen Bedingungen und vom Menschen nicht oder nur wenig beeinflußt entwickeln konnten. Als Beispiele betrachten wir einige Vegetationsbilder unterschiedlicher Standorte:

Knisternde Hitze über trockenem, sandigem Grund, grelles Sonnenlicht und ungebrochener Wind. Nur graugrüne Kiefern, Wacholder und Ginster sind darauf eingerichtet, auf dem Untergrund von Besenheide, Heidenelken, Trockengräsern und Flechten unter extremen Daseinsbedingungen weiterzuleben. *Standort a*

Nur wenige Tiere, z. B. Kaninchen, Käfer und Ameisen, finden hier noch Lebensmöglichkeiten.

Maigrünes Laub austreibender Rotbuchen, lichtgelbe Troddeln der Haselkätzchen und goldene Blütensterne des frühen Hartriegels überschirmen den saftiggrünen Grund von Waldmeister, Anemonen, von Lungenkraut und Maiblumen und zeigen eindeutig lehmig-humosen Standort an. Eichhörnchen, Buchfink, Meise und andere Vogelarten finden Lebensraum in den Kronen der Bäume. *Standort b*

Zu höchsten Leistungen entwickelt sich die Vegetation in nährstoffreichen Schwemmböden der Auenlandschaft am *Standort c*

11

Rande von Flußläufen und Binnenseen. Blauer Himmel und Wolken, lichter Dunst am Horizont; Wassergeflügel mit seinen Rufen von zwingender Eindeutigkeit. Fische, Lurche und Frösche schwimmen in Horsten von Teichrosen und Laichkraut. Weiden, Erlen und Eschen überschirmen die üppigen Gestalten von Sumpfampfer, Beinwell und mannshohen Klettenstauden. Himmelblaue Vergißmeinnicht, goldgelbe Sumpfdotterblumen und Horste von Seggen und Schwertlilien säumen die Ufer. Die Atmosphäre ist dampfend feucht und von unbändigem Leben erfüllt.

Der Vergleich dieser Vegetationsbilder bei unterschiedlichen Lebensbedingungen beweist, daß jede Pflanzengesellschaft, die hier nur grob angedeutet wurde, immer ein untrüglicher Indikator eines ganz bestimmten Standortzustandes ist. Ändern sich die Standortfaktoren nur um ein geringes, so ändert sich auch die Gesellschaft.

Obwohl die angeführten Beispiele jeweils einen völlig anderen Ausdruck vermitteln, sind sie in sich von überzeugender Eindeutigkeit und Übereinstimmung mit ihrem Standort. Werden sie miteinander vermischt, wie wir es häufig bei Gartenpflanzungen feststellen, sind die Disharmonien auch dem nicht mit den Naturgesetzen vertrauten Betrachter spürbar.

Das Diagramm der Standorteinflüsse

Zur besseren Übersicht werden die wirksamen Einflüsse in einem Diagramm dargestellt (s. Seite 14; Legende dazu auf der hinteren Umschlagklappe). Aus diesem Diagramm ist die Wirkung der einzelnen Faktoren klar abzulesen; darüber hinaus zeigt es auch Möglichkeiten, wie negative Wachstumsvoraussetzungen durch entsprechende Maßnahmen für den gegebenen Standort positiv verändert werden können.

Die wichtigsten Standorteinflüsse sind: Klima, Bodenstruktur, Bodenart, Bodenreaktion, Lichtverhältnisse, Feuchtigkeitszustand.

Klima (A-F)

Jeder Standort wird vom Großklima und von seiner Höhenlage über dem Meeresspiegel geprägt. Es ist ein wesentlicher Unterschied im Klimaablauf zwischen Frankfurt, Hamburg und München, zwischen den Bedingungen der Elbmarsch und den Höhen des Allgäus.   *A Großklima*

Diese naturgegebenen Voraussetzungen sind nicht abzuwandeln. Sie gelten als Grundlage der weiteren Klimabetrachtung und bestimmen das Vegetationsbild in seiner grundsätzlichen Zusammensetzung.

Ihre negative Wirkung wird vor allem in den Küstenbereichen erkennbar. Die Luftbewegung bewirkt einseitige Windschur und damit Verformung der Gehölze. Durch übersteigerte Wasserabgabe an den Blattoberflächen und dem daraus resul-   *B Luftbewegung*

13

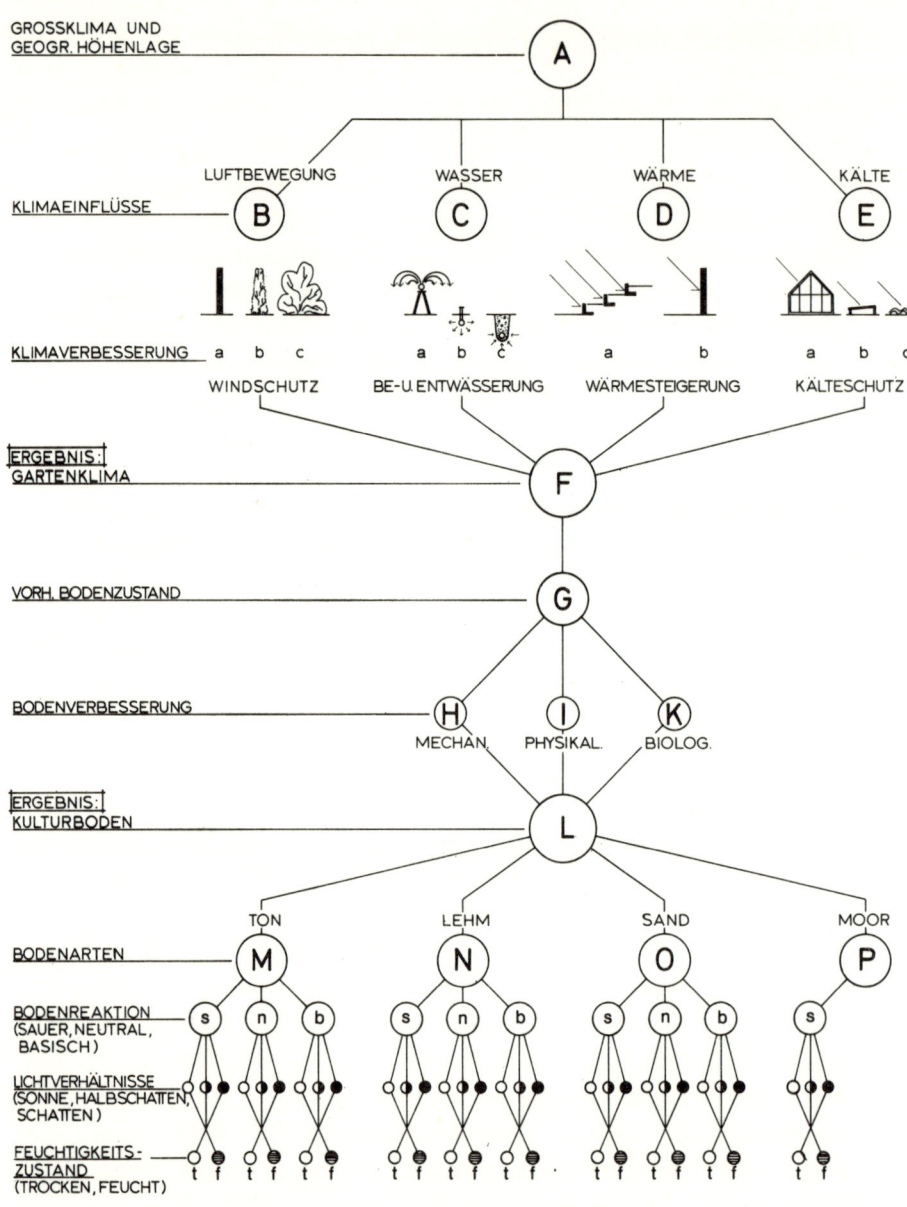

GROSSKLIMA UND
GEOGR. HÖHENLAGE — A

KLIMAEINFLÜSSE — LUFTBEWEGUNG B   WASSER C   WÄRME D   KÄLTE E

KLIMAVERBESSERUNG   a b c   a b c   a b   a b c
WINDSCHUTZ   BE-U. ENTWÄSSERUNG   WÄRMESTEIGERUNG   KÄLTESCHUTZ

ERGEBNIS:
GARTENKLIMA — F

VORH. BODENZUSTAND — G

BODENVERBESSERUNG — H I K
MECHAN.   PHYSIKAL.   BIOLOG.

ERGEBNIS:
KULTURBODEN — L

BODENARTEN — TON M   LEHM N   SAND O   MOOR P

BODENREAKTION
(SAUER, NEUTRAL,
BASISCH) — s n b   s n b   s n b   s

LICHTVERHÄLTNISSE
(SONNE, HALBSCHATTEN,
SCHATTEN)

FEUCHTIGKEITS-
ZUSTAND
(TROCKEN, FEUCHT) — t f   t f   t f   t f   t f   t f   t f   t f   t f   t f

ERGEBNIS: RESULTIERENDE ALLER EINZELFAKTOREN IST DER GARTENSTANDORT
ALS GRUNDLAGE FÜR DEN AUFBAU DER PFLANZENGESELLSCHAFTEN.

tierenden dauernden Wärmeentzug sterben die Blätter an der Luvseite ab oder zeigen Kümmerwuchs. Unterhalb des Windschattens der Deichkrone entwickelt sich normale Belaubung. Die Vegetation in Irland und Schottland zeigt die artenbestimmende Bedeutung des Windschutzes. In geschützten Tälern gedeihen unter dem Einfluß des Golfstromes Eukalyptus, Baumfarne und andere Tropenpflanzen im Freien. Auf den ungeschützten Höhenlagen wachsen nur noch Stechginster und Besenheide. Auf der Insel Helgoland, wo der Golfstrom sich gleichfalls auswirkt, können im Windschatten der Häuser Feigen, Indisches Blumenrohr und andere Pflanzen mit höheren Ansprüchen hervorragend gedeihen, während in offenen Lagen nur windzerfetzte Salweiden und andere Straucharten ein kümmerliches Dasein fristen.

Wo Gärten starker Luftbewegung ausgesetzt sind, müssen luftruhige Räume durch „Windbremsen" geschaffen werden. Je nach den Gegebenheiten werden sie unterschiedlich ausgebildet. Eine Wand von 1 m Höhe schirmt auf der Leeseite 6-8 m Gartenraum gegen den Wind ab. Breitere Gärten, wie sie ja meistens vorkommen, erfordern größere Bauhöhen oder zwischengeschaltete weitere Windbremsen.

Ob die Wand eine massive Mauer, ein durchbrochener Zaun aus enggestellten Latten oder eine geschnittene Hecke ist, die aber windsicher sein muß, das wird aus der Situation heraus entschieden. Größere Räume werden durch Knicks auf Erdwällen, wie in Schleswig-Holstein, oder bei ausreichendem Raum durch breitere hohe Schutzpflanzungen abgeschirmt. Für die Wahl der Pflanzenarten ist ihre Windsicherheit bestimmend. Je elastischer die Zweige sind, um so stärker wird intensive Luftbewegung aufgerieben.

Die Menge des im Boden für die Pflanze erreichbaren Wassers ist wesentlich bestimmend für die Struktur des Vegetationsbildes. Es gibt Pflanzenarten, deren Volumen bis zu   *C Wasser*

15

90% aus Wasser besteht. Darum können sie nur da gedeihen, wo die notwendige Menge ständig zur Verfügung steht. Durch entsprechende Einrichtungen, wie reduzierte Blattflächen, starke Behaarung, raffinierte Spaltöffnungen und anderes, können viele Pflanzenarten ihren Wasserhaushalt so regulieren, daß sie auf trockeneren Standorten mit geringerer Wassermenge auskommen.

Im allgemeinen werden in Gärten anspruchsvollere Pflanzen kultiviert, als der natürlich vorhandene Wasserhaushalt es zuläßt. Die Niederschläge allein reichen nicht aus. Ihre Verteilung im Jahresablauf entspricht nicht dem zeitlichen Bedarf der Pflanzen. Durch genau abgestimmte Beregnung verbessern wir die Standortbedingungen; entscheidend für die notwendige Wassermenge sind dabei die Struktur und Durchlässigkeit des Bodens, die Neigung des Geländes sowie der vorhandene Grundwasserspiegel. Die einschlägige Industrie bietet eine Fülle von technischen Möglichkeiten, die Beregnung jeweils den erforderlichen Bedingungen anzupassen. Beregnung ist aber nur sinnvoll, wenn sie so lange durchgeführt wird, bis die Befeuchtungszone Anschluß an das durch Kapillarwirkung aufsteigende Bodenwasser erreicht. Oberflächliches Sprengen ist wirkungslos. Das Wasser erreicht nicht die Wurzelzone der Pflanzen und verdampft durch Wind und Sonne ungenutzt. Für Intensivkulturen kann durch Einbau von Untergrundbewässerung der Wasserhaushalt reguliert werden. Stagnierendes Überschußwasser auf Bodenverdichtungen wird durch Dränage beseitigt. Tonrohre, Kunststoffrohre oder poröse Betonrohre sind dafür geeignet.

D Licht und Wärme Die Summe der Sonnenstunden und die Menge des eingestrahlten Lichts ist durch die geographische Lage des Standorts bedingt. Während in südlichen Breiten der Lichtüberschuß durch Schattierungen in Form von Laubengängen und anderen Einrichtungen abgefangen wird, ist die Menge des

16

eingestrahlten Sonnenlichts in den Standorten der nördlichen Zonen ein entscheidender Wachstumsfaktor. Da wir die Einstrahlungsmenge nicht vergrößern können, müssen wir sie mehrfach nutzen oder umwandeln. Helle Wände reflektieren die Lichtstrahlen und vergrößern damit ihre Einwirkung auf die Pflanzen. Dunkle Wände schlucken die Lichtstrahlen teilweise auf, wandeln sie in Wärme um und strahlen diese in kühleren Tagesstunden wieder ab. Terrassierung des Geländes und Einbau von abstrahlenden Mauern oder Gebäuden ergeben in Hanglagen die gleiche Wirkung. Mit diesen Klimaanlagen für Licht und Wärme wird der Standort um einige Grade zum wachstumsgünstigeren Süden verlagert. Auch für den Benutzer des Gartens hat diese Klimaverbesserung positive Bedeutung. (Lichtverhältnisse siehe dort, Seite 22.)

Froststärke und -dauer, die Zahl der Eistage, Dauer und Stärke *E Kälte* der Schneedecke sind vegetationsbestimmende Standortfaktoren, auf die wir keinen unmittelbaren Einfluß ausüben können. Sie sind, wie die Lichteinstrahlung, geographisch bedingt. Nur durch Schutzabdeckung mit geeignetem Material können wir frostempfindliche Pflanzen auch in ungünstigen Lagen kultivieren. Am wirksamsten abgewehrt wird der negative Einfluß der Kälte durch Überdachung der Kulturflächen mit Glas oder Folien, Zufuhr künstlich erzeugter Wärme und Zurückhaltung der eingestrahlten Wärme, durch Gewächshäuser und Mistbeetkästen. Konsequent führen unsere Gärtnereien diese Standortverbesserung für ihre empfindlichen Kulturen durch. Dieses durch menschliche Einwirkung erzeugte Kleinklima bietet die Möglichkeit, Pflanzen während des ganzen Jahres wachsend und blühend zu erleben. Es ist die intensivste Form der Aufwertung eines Standorts, die wohl nur dann vertretbar ist, wenn sie aus wirtschaftlichen Gründen zur Kultur von Verkaufspflanzen angewendet wird.

F Gartenklima   Aus der positiven Umschaltung negativer Einflüsse auf die Pflanzen resultiert das Gartenklima, das gegenüber den unveränderten, natürlichen Gegebenheiten erheblich günstigere Wachstumsvoraussetzungen bietet.

Bodenstruktur (G-L)

G Vorhandener Bodenzustand   Durch geeignete und längere Zeit angewandte Maßnahmen kann selbst der ärmste Dünensand in fruchtbaren Boden umgewandelt werden. Doch das setzt eine Dauerleistung voraus, da der ständige Abbau eingebrachter Bodenverbesserungen immer wieder ausgeglichen werden muß. Diese extreme Standortverbesserung und die darauf bezogene Vegetation ist nur in begrenztem Umfang möglich, da die grundsätzlich gegebenen natürlichen Bedingungen sich auf die Dauer immer wieder einstellen. Jedoch kann jeder Standort zu seinem für ihn typischen Optimum aufgewertet werden. Die Bodenverbesserung wird auf mechanischem wie auf physikalischem und biologischem Wege erreicht.

H Mechanische Bodenverbesserung   Erfolgt durch Tiefenlockerung zur Beseitigung von Verdichtungen, die verschiedene Ursachen haben können.
Entweder geschieht dies – bei größeren Objekten – mit geeignetem Gerät, wie Bagger, Planierraupe im Rückwärtsgang, Tiefpflug, oder am sichersten als Handarbeit durch Rigolen, Holländern oder Umgraben, je nach der durch den Bodenzustand gegebenen Tiefe. Alle Arbeitsgänge müssen den Anschluß an den gewachsenen, unverdichteten Untergrund erreichen und optimale Belüftung, ungehindertes Eindringen des Oberflächenwassers und Aktivierung der mineralischen Nährstoffe im Untergrund bewirken. Besonders in dieser Beziehung wird beim Grünlandbau immer wieder gesündigt, mit dem „Erfolg", daß eingebrachte Pflanzungen jahrelang

18

kümmern, wenn sie diese unsachgemässe Bodenbearbeitung überhaupt überstehen.

Je nach der vorhandenen Struktur neigen schwere Böden von Natur aus zur Dichtlagerung und Verkrustung durch Niederschläge und andere Einflüsse, oder die Durchlässigkeit ist bei Sandböden so ungehemmt, daß in beiden Fällen Maßnahmen erfolgen müssen, die den negativen Zustand verbessern.

I Physikalische Bodenverbesserung

Einmischen von Styromull, Perlite und Agrosil bewirkt bei schweren Böden erhöhte Luftzufuhr bis in den Wurzelbereich der Pflanzen. Vernässung kann durch die eingelagerten Lockerungsstoffe, die dem Wasser ungehinderten Abzug gewähren, aufgehoben werden. So wird es möglich, selbst schwerste Böden kulturwürdig zu verbessern.

Die mangelnde Wasserhaltung leichter Sandböden wird durch das Einarbeiten von Substraten mit aufsaugender Schwammwirkung verbessert. Dazu gehören alle Torfmullarten mit und ohne Düngerzusatz. Lauberde, andere organische Stoffe sowie der Kunststoff Hygromull (ein Formaldehyd-Harnstoff, der bis zu 70% seines Volumens speichern kann) haben ähnliche Wirkung. Erfahrungsgemäß ist zerhacktes Buschwerk gerodeter Gehölze für die Pflanzung flach wurzelnder Flächenstauden wachstumsfördernd. Waldboden ist immer eine Mischung aus Fallaub und abgestorbenem Astholz und bietet besonders günstige Wachstumsbedingungen für die Waldbodenflora.

Jedes Pflanzenwachstum ist abhängig von der Tätigkeit der Kleinlebewelt des Bodens, von der Mikroflora und -fauna. Myriaden von Kleinlebewesen bevölkern den fruchtbaren Boden. Sie zerlegen alles Organische und bilden durch ihre Tätigkeit, ihr Leben und Vergehen die Basis für die Ernährung höherer Pflanzen. Ohne sie gäbe es auf die Dauer kein Leben auf der Erde. Das Ergebnis ihrer Tätigkeit ist Humus. Es ist eine lange Kette von Lebensformen, die an der Humusbildung

K Biologische Bodenverbesserung

beteiligt ist. Sie reicht vom Regenwurm über zahlreiche Kerbtierarten bis zu den Rädertierchen, Wurzelfüßlern und anderen einzelligen Lebewesen und umfaßt eine große Gruppe stoffabbauender Bakterien.

Schon die durch mechanische und physikalische Maßnahmen verbesserte Bodenstruktur verschafft ihnen bessere Lebensbedingungen. Tierischer Dünger, alle Kompostarten und besonders alle Handelsdünger auf der Basis von Horn-, Knochen- und Blutmehl fördern ihre Entwicklung und führen zu starker Vermehrung. Auch das Algensubstrat Alginure kann diesen wirkamen Heilmitteln zugerechnet werden.

Die Abdeckung von Bodenflächen ohne Pflanzenbewuchs verhindert nicht nur Bodenverdichtung durch Niederschläge, Aushagerung durch Sonne und Trockenheit, sondern bewirkt neben der Einschränkung der Verdunstung eine wesentliche Förderung der Lebensbedingungen für die Kleinlebewelt.

L Kulturboden Das Ergebnis der genannten Verbesserungen der Bodenstruktur ist Kulturboden als Gartenstandort. Es bietet günstigere Lebensbedingungen für die Pflanzen als der unveränderte Bodenzustand.

Bodenarten (M-P)

In der geologischen Entwicklung der Erdoberfläche entstanden Erdzusammensetzungen unterschiedlicher Struktur. Mit allen Übergangsmöglichkeiten können folgende Bodenarten als Gartenstandorte anstehen:

M Extreme Tonböden Sind durch dichte Lagerung und Verkittung ihrer Einzelteile nur schwierig in Kulturboden zu verwandeln. Es sind dazu größere Mengen von Lockerungsmitteln und Kunststoffen erforderlich.

N Lehmböden Sind nach Bodenverbesserung ideale Standorte für viele Gartenpflanzungen, besonders bei Neigung zu sandiger Struktur.

20

Können durch Humuszufuhr erheblich aufgewertet werden. *O Sand- und*
Bei höheren Ansprüchen der Gartenpflanzen ist diese Maß- *Kiesböden*
nahme dauernd erforderlich.
Sind extreme Pflanzenstandorte. Kulturmaßnahmen können *P Moorböden*
ihre Eignung für Gartenpflanzen wesentlich verbessern. Die
Wahl der Gartenpflanzen muß aber auf die nur geringfügig
veränderbare Grundstruktur abgestimmt werden.

Bodenreaktion

Böden können saure (s), neutrale (n) oder basische (b)
Reaktionen mit allen Zwischenstufen aufweisen. Diese che-
mische Reaktion bestimmt entscheidend die Verteilung der
Pflanzenarten im natürlichen Vegetationsbild. Es ist bekannt,
daß z. B. das natürliche Vorkommen von Feldahorn *(Acer
campestre),* Hartriegel *(Cornus mas),* Haselnuß *(Corylus
avellana),* von Türkenbundlilien, Christrosen, Kuhschelle und
Leberblümchen einen basischen Boden anzeigen – daß diese
Pflanzen also kalkgebunden sind. Birken *(Betula verrucosa),*
Ginsterarten *(Cytisus),* Heidekraut *(Calluna vulgaris),* Blau-
beere *(Vaccinium myrtillus)* und Preiselbeere *(V. vitis-idaea)*
wachsen nur auf sauren Böden. Jede Pflanze stellt an den
Reaktionszustand des Bodens ganz bestimmte Ansprüche.
Werden diese nicht erfüllt, kann das Wachstumsoptimum
nicht erreicht werden.
Manche Pflanzen sind bodenvag, d.h., sie sind unempfindlich
gegen Reaktionszustände und wachsen sowohl auf sauren wie
auf neutralen und basischen Böden. Das gilt für viele Gartenhybriden. Manche gedeihen bei ungeeigneter Reaktion
längere Zeit, sterben aber im nächsten extremen Winter, aller-
dings nicht an der Kälte, sondern an allgemeiner Schwächung,
bedingt durch den Standort.
Durch Kalkung oder Zufuhr saurer Mineraldünger und ande-

rer saurer Substrate kann die Bodenreaktion durch laufende Behandlung verändert werden. Es ist aber richtiger, die Wahl der Pflanzenarten auf die Gegebenheiten abzustimmen.

Lichtverhältnisse

Es gibt sonnige ○, halbschattige ◑ und vollschattige ● Standorte. Die daraus resultierenden Wachstumsbedingungen sind grundsätzlich mitbestimmend für das Gedeihen der Pflanzenarten.
Diese drei Begriffe enthalten nur sehr grobe Feststellungen. Der Vollschatten an der Nordseite einer Hauswand ergibt andere Bedingungen als der Vollschatten eines Lärchenbaumes. Der Schatten unter lichten Buchen wirkt sich anders aus als der schwere Schatten einer Kastanie. Desgleichen besteht ein Unterschied der Lichtwirkung zwischen einem nördlichen und einem südlich abgedachten Hang, obwohl beide volles Sonnenlicht bekommen. Die natürliche Vegetation zeigt in ihren Beständen deutlich die differenzierten Zustände.

Feuchtigkeitszustand

Ein Standort kann unter Einwirkung äußerer Einflüsse trocken (t) oder feucht (f) sein. Das gilt für alle Bodenarten. Sandboden kann in voller Sonne bei hohem Grundwasserstand natürliche Feuchtigkeit enthalten, während durchwurzelte Lehmböden im Schatten von Gehölzen mit hohem Wasserverbrauch völlig austrocknen können. Hier gedeihen dann nur noch Pflanzengesellschaften des trockenen Schattens. Selbst moorige Sumpfböden, die durch Absenken des Grundwasserspiegels völlig austrocknen können, ändern ihr Vegetationsbild und bieten nur noch Dürrepflanzen Lebensmöglichkeit. Diese Zustände und ihre Zwischenstufen sind für die Wahl der Pflanzenarten bestimmend.

22

Schlußfolgerung

Das Diagramm zeigt als Resultierende aller Gegebenheiten und ihrer Verbesserung zum Gartenstandort zahlreiche unterschiedliche Bedingungen. Bei sinngemäßer Auswertung der Einzelfaktoren ergibt sich ein bestimmter Endpunkt, der für die Pflanzenauswahl bestimmend ist. Es zeigt ferner, daß eine positive Veränderung des Standortes günstigere ökologische Bedingungen für die Vegetation bedeutet. Es wird ein optimal gesteigerter Zustand natürlicher Voraussetzungen geschaffen, der die Kultur anspruchsvoller Vegetation ermöglicht; darüber hinaus aber bietet er auch dem Menschen einen erholsamen Freiraum mit vielfältiger Nutzung. Dies Ergebnis heißt: „Garten". Alles, was wir unternehmen, um diesen Zustand zu erreichen, ist Gartenbau.

Wir stellten aber schon vorher fest, daß dieses Ergebnis erst einen Teil der Antwort auf die Frage nach der überzeugenden Gestaltung einer Pflanzung bedeutet. Die ökologischen Gegebenheiten bieten nur die wachstumsbestimmenden Voraussetzungen für ihre Entwicklung zum optimalen Zustand.

Gärten als schöpferische Aussage

Der Garten ist aber mehr als eine Interpretation natürlicher Vorbilder. Er ist immer auf den Menschen und seine Vorstellung bezogen und ohne ihn nicht denkbar.

Nun bemüht sich der Mensch in allen Lebensbereichen, seine Umwelt – neben dem materiell Notwendigen – entsprechend seinen Wünschen, Sehnsüchten und Vorstellungen zu formen und ihr Maßstäbe zu geben, die auf ihn bezogen sind. Die Fähigkeit bewußter, schöpferischer Gestaltung seiner Umwelt unterscheidet ihn von allen anderen Lebewesen; kraft dieser Fähigkeit verwirklicht er seine in der Phantasie erträumte Vorstellungswelt. Auch die Anlage und Gestaltung des Gartens ist Bestandteil dieser Lebensäusserung des Menschen. Ihre Bedeutung für die Kultur wird erkennbar durch einen geschichtlichen Rückblick. Das Medium ist die Pflanze als Wesen und Erscheinung, nicht nur als Dekoration. Jede Pflanze hat ihr Eigenes, Wesenhaftes, ihre Aussage. Sie steht in Wechselbeziehungen zu anderen Arten, die zwar ökologisch, pflanzensoziologisch oder sonstwie wissenschaftlich erklärbar sind, aber erst durch menschliche Phantasie zu bildhafter Wirkung gesteigert werden.

Die Kunst des Pflanzens

Die Kunst des Pflanzens besteht in der Fähigkeit, eine Synthese zu finden zwischen der physiognomischen Aussage der einzelnen Individuen und dem Zusammenklang der Arten,

24

bezogen auf die Standortvoraussetzungen, um mit Phantasie eine bildhafte Gesamtkonzeption zu erzielen. Das Einzelobjekt ist immer Teil des Ganzen, und das Ganze steht mit dem Einzelnen in kausalem Zusammenhang.

Die im Diagramm ermittelten natürlichen Ordnungen bestimmen dabei nur die Struktur des Bildaufbaues einer Pflanzung, nicht seinen Inhalt. Der Garten ist aber keine Wildnatur, sondern seine optische Erscheinung wird durch schöpferische Impulse gesteigert und im Geiste des Naturhaften bildhaft zu einem völlig neuen Produkt menschlicher Vorstellungen umgeschmolzen. Daraus entstehen vegetative Kombinationen, die auf natürliche Weise nicht möglich sind. Aus allen Florengebieten stehen uns Pflanzen zur Verfügung, dazu die Vielzahl der durch menschliche Einwirkung entstandenen Gartenhybriden – dies erlaubt uns Verbindungen und Zuordnungen, die nur unserer Vorstellungskraft entspringen können. Solch ein lebendiges, unbefangenes Verhältnis zur Pflanze war den Menschen früher kaum gegeben. Nun wird sie aus ihrer bisherigen Rolle des Formal-Dekorativen herausgelöst: die Pflanze wird zu einem Partner, der uns zur Bereicherung unserer Erlebniswelt verhilft.

Jede echte Gestaltung ordnet die Vielzahl der Erscheinungen zum Einfachen. Einfach heißt aber nicht primitiv oder simpel, sondern eindeutig. Selbst die üppigste Pflanzenkombination mit fast tropischer Fülle ist einfach, wenn sie eindeutig konzipiert wird. Nur bedingt die Bändigung der Fülle zu einer eindeutigen Aussage mehr Vorstellungskraft als sparsame Verwendung der Ausdrucksmittel. Das In-Beziehung-Setzen zum Standort, die Untersuchung der Belastbarkeit eines Gartenabschnitts mit wechselnden Motiven, das Sichtbarmachen des Genius loci als Resultierende aller Prozesse sind die bedeutsamsten Aufgaben der Gartengestaltung. Wo sie geglückt sind, wird Atmosphäre spürbar. Sie ist nicht greifbar und erklärbar,

25

sondern der Zusammenklang aller Wirksamkeiten zu bildhafter Erscheinung, die im Grundsätzlichen nur so und nicht
anders sein kann.

Nur wenige Gärten entsprechen dieser idealen Vorstellung.
Mit jeder Nennung eines Pflanzennamens tritt eine Assozia-
tion von Komponenten auf, die wesensverwandt sind und die
gleiche Melodie spielen. Ob in weichen oder harten Rhyth-
men, das ist Temperamentsfrage und zeigt die Handschrift
des Gestalters. Nur die Melodie muß man heraushören
können.

Wer Pflanzen in ihrer Erscheinung und ihren Ansprüchen
nicht einfach nur kennt, sondern sie auch erkennt, der hat ein
unerschöpfliches Archiv für immer neue Formulierungen
zur Verfügung.

Schöpferische Vorstellung kommt nicht aus Katalogen und
Tabellen. Bildhafte Wirkung muß erschaut werden. Pflanzungen sind dynamisch. Sie wandeln sich nicht nur jahres-
zeitlich, sondern auch im Ablauf der Jahre.

Diese Zeit-Raum-Vorstellungen müssen Bestandteil der Pla-
nung sein.

Daß gepflanzte Gärten am Anfang ihrer Entwicklung arbeits-
aufwendiger sind als Beton- und Kunststoffgärten mit nichts
als Rasen und einigen Gehölzen, ist nicht zu leugnen. Je natur-
gerechter die Pflanzung kombiniert und durchgeführt wurde,
um so schneller werden die unkrautanfälligen Fugen zwischen
den Pflanzen geschlossen und eine Verminderung des Pflege-
aufwandes erreicht. Die Bereicherung und Beglückung des
Gärtners durch seine Pflanzenwelt sind ein Äquivalent für
diesen Einsatz, so daß ihre Pflege kaum Belastung, sondern
Freude ist.

Würde eine größere Zahl einander benachbarter Einzelgärten
nach dem Vorbild der geschilderten Betrachtungen einheit-
lich gestaltet, was leider nur selten der Fall ist, so entständen

26

Gartenlandschaften von beglückender Eindeutigkeit, lebendiger Einheit und überzeugender Standortaussage.

Anfangsstufe der Gestaltung von Pflanzungen im Sinne der geschilderten physiognomischen Wechselbeziehung der Pflanzen zueinander ist die Anlage von Blumenbeeten und bunten Staudenrabatten, die lediglich nach farbigen Blütenwirkungen und dekorativen Gesichtspunkten aufgebaut sind. Wesen und Aussage der Einzelpflanze spielt dabei eine untergeordnete Rolle, wobei durchaus eine ansprechende Wirkung entstehen kann. Jede überzeugende Pflanzung aber ist kein Blumenbeet, sondern ein Vegetationsbild, aufgebaut auf der Grundlage der geschilderten Gesetzmäßigkeiten und Vorstellungen. Ein Vegetationsbild ist mehrschichtig, es ist eine standortbedingte Komposition aus Baum, Strauch, Kletterpflanze, Gruppen- oder Einzelstaude, Gras, Flächenstaude und Blumenzwiebel in sinngemäßer Abwandlung. Diese Vereinigung ermöglicht Wirkungen mit zeitlichen Unterschieden im Jahresablauf. Es ist ein reizvolles, differenziertes Spiel mit Flächen und Höhen, mit Massen und Einzelgestalten; die Abstimmung der Proportionen, das Abwägen der richtigen Mengenverhältnisse, die Verteilung der Schwerpunkte, gegenseitige Überschneidung, Verbindung und Zusammenfassung von Gruppen ist mit dem Malen verwandtes kompositorisches Tun. Die Beachtung farblicher Beziehungen ist selbstverständlich.

Aus der Fülle der Möglichkeiten folgen für unterschiedliche Standorte Vegetationsbilder und Varianten, die auf der Basis der vorhergehenden Betrachtungen entwickelt wurden. Sie sollen keine Vorbilder, sondern Symbole sein.

Jeder Pflanzer sollte aus der Überfülle der uns zur Verfügung stehenden Pflanzen, seiner Handschrift gemäß, eigene Kombinationen entwickeln, die dem jeweiligen Standort entsprechen.

Vegetationsbilder

Die folgenden Vegetationsbilder sind, um dies noch einmal und mit allem Nachdruck zu sagen, keine Vorbilder, keine Schnittmuster. Sie sollen vielmehr das bisher Gesagte veranschaulichen, die Vielfalt der Standorte und Aufgaben illustrieren und im einzelnen als Exempel für eine der möglichen Lösungen dienen. So und nicht anders wollen sie als Beispiel verstanden werden.

Alle Beispiele sind bezogen auf das Diagramm der Standorteinflüsse (s. Seite 14 und hintere Umschlagklappe), dabei ist angenommen, die standortverbessernden Maßnahmen G-L seien den gegebenen Verhältnissen entsprechend so durchgeführt worden, daß die Bedingungen eines Gartenstandorts erfüllt sind. Ist dies nur begrenzt möglich, so verlangt das eine sinngemäße Reduzierung der Arten und Anpassung an die Gegebenheiten.

Die Topogramme der einzelnen Vegetationsbilder beziehen sich gleichfalls auf das Diagramm der Standorteinflüsse.

Da in diesem Buch die allgemeinen Probleme der Gartengestaltung außer Betracht bleiben, ist nicht für jedes Beispiel ein neuer Gartenentwurf entwickelt. Es sind abstrakte Ausschnitte aus Parks oder Gärten behandelt, ohne Bezugnahme auf ihre spezielle Funktion und Nutzung. Diese Beschränkung läßt das Wesentliche der entwickelten Vegetationsbilder stärker hervortreten.

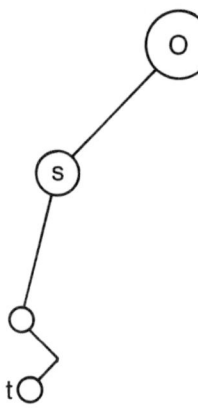

VEGETATIONSBILD 1

Waldkiefern und Ginster – Wildrosen und Heidekraut

Pinus sylvestris
Sorbus aucuparia
Juniperus communis (Wildform)
– – 'Suecica'
– – 'Repandens'
Cytisus scoparius
– – 'Luna'
– – 'Golden Sunlight'
Crataegus monogyna
Rosa pimpinellifolia
     (R. spinosissima)
Calluna vulgaris
– – 'County Wicklow'
– – 'Alba Hammondii'
– – 'Cuprea'
– – 'H.E. Beale'
Vaccinium myrtillus
– *vitis-idaea*

Calamagrostis × *acutiflora*
 'Karl Foerster'
Deschampsia cespitosa
 'Bronzeschleier'
Polypodium vulgare

Zum Vegetationsbild 1
gehören die Farbbilder 1, 2 und 3
auf Seite 33 und 34

Sandig-kiesiger Boden, mit Geröll durchsetzt. Die leicht südlich geneigte Fläche ist voll von der Sonne bestrahlt. Nur die Nordseite der Bäume zeigt etwas Halbschatten. Die Durchlässigkeit des Bodens läßt Niederschläge und Bewässerung schnell im Untergrund abfließen.

Unter den Großgehölzen gibt es nur wenige Arten, die unter diesen Bedingungen auf die Dauer gedeihen. Hier ist das Reich der Kiefer *(Pinus).* Als Reaktion auf die Standortbedingungen entwickeln sich charaktervolle, phantastische Kronenformen. Aber Freistand mit viel Licht braucht die Kiefer, um auch als ältere Pflanze, bis zum Boden beastet, ihren typischen Aufbau zu erhalten. In engem Stand wird sie wesenloses Stangengehölz.

Nun gibt es zahlreiche Kiefernarten mit Garteneignung, aber völlig unterschiedlichem Habitus. Pflanzt man sie alle in einen Blickwinkel, so gibt das zwar ein dendrologisch interessantes Pinetum, aber keine eindeutige Aussage.

Jede Art strahlt ihre eigene Wirkung aus, muß ihrem Wesen entsprechend behandelt werden und fordert andere Nachbarn. *Pinus sylvestris,* unsere heimische Waldkiefer, hat eine völlig andere Struktur als z.B. *P. wallichiana (P. excelsa),* die Tränenkiefer. Beide sind schön, ergeben aber, im gleichen Blickwinkel gepflanzt, keinen Zusammenklang und keine überzeugende Bildwirkung.

Pinus sylvestris zeigt individuelle Unterschiede je nach Herkunft des Saatgutes. Von aufrechtwachsenden Gestalten mit spitzwinkeliger Astgabelung bis zu breitflächigen, fast horizontalen Astgabeln kommen alle Übergangsformen vor. Es ist Glückssache, welchen Typ man erhält.

Im Jugendstadium sind die typischen Merkmale schwer erkennbar. Durch vorsichtiges Herausschneiden von Haupttrieben kann man etwas korrigieren. Am Waldrand ist häufig Wildverbiß die Ursache malerischer Einzelgestalten.

Für den kleinen und mittleren Garten ist die Waldkiefer ungeeignet. Ihre Wirkung als vollbeastete freistehende Einzelpflanze kann sie nur bei größerem Abstand, also im parkartigen Raum, entwickeln. Unter den genannten Standortbedingungen muß sie hier bestimmende Führungspflanze sein.
Die mögliche Anzahl ist abhängig von der zur Verfügung
stehenden Raumgröße. Durch Gruppieren und Zusammen-
fassen bei gleichzeitiger Auflösung der Gruppen durch völlig
frei gestellte Einzelpflanzen entstehen reizvolle Staffelungen
mit Kulissenwirkung und Raumtiefe, die durch wechselvolle
Bodenmodellierung in ihrer Wirkung noch gesteigert wird.
Laubhölzer werden nur sparsam verteilt. Die weißen Blütenteller und die leuchtend roten Fruchtstände der Vogelbeere
(Sorbus aucuparia) kontrastieren zu den blaugrünen Kiefern-
nadeln. In zahlreichen größeren Trupps mit wechselvollen
Konturen, die bis in das Bestandsinnere der Kiefern hinein-
gezogen werden, siedeln wir Wacholdertypen wie *Juniperus
communis* (Wildform) und die schwedische Form 'Suecica' an,
die auf breiten Teppichen des kriechenden Wacholders *J.
communis* 'Repandens' als eindrucksvolle Säulen wie Ausrufezeichen bis zu 3 m Höhe aufsteigen. Wie goldgelbe Wolken
schweben im Mai/Juni die Blütenmassen des Besenginsters

VEGETATIONSBILD 1

Farbbild 1. Kiefern und Heideboden sind der Lebensraum für *Juniperus
communis* 'Suecica', *Calluna vulgaris* und *Molinia altissima* 'Karl Foerster'.
Farbbild 2. Unterschiedliche Laubfärbung der *Calluna*-Vulgaris-Sorten
bietet die Möglichkeit farblicher Differenzierung, auch wenn sie nicht
blühen. Azaleen-Genter-Hybriden 'Daviesii' sind sparsam als Lichtpunkte
eingesetzt.

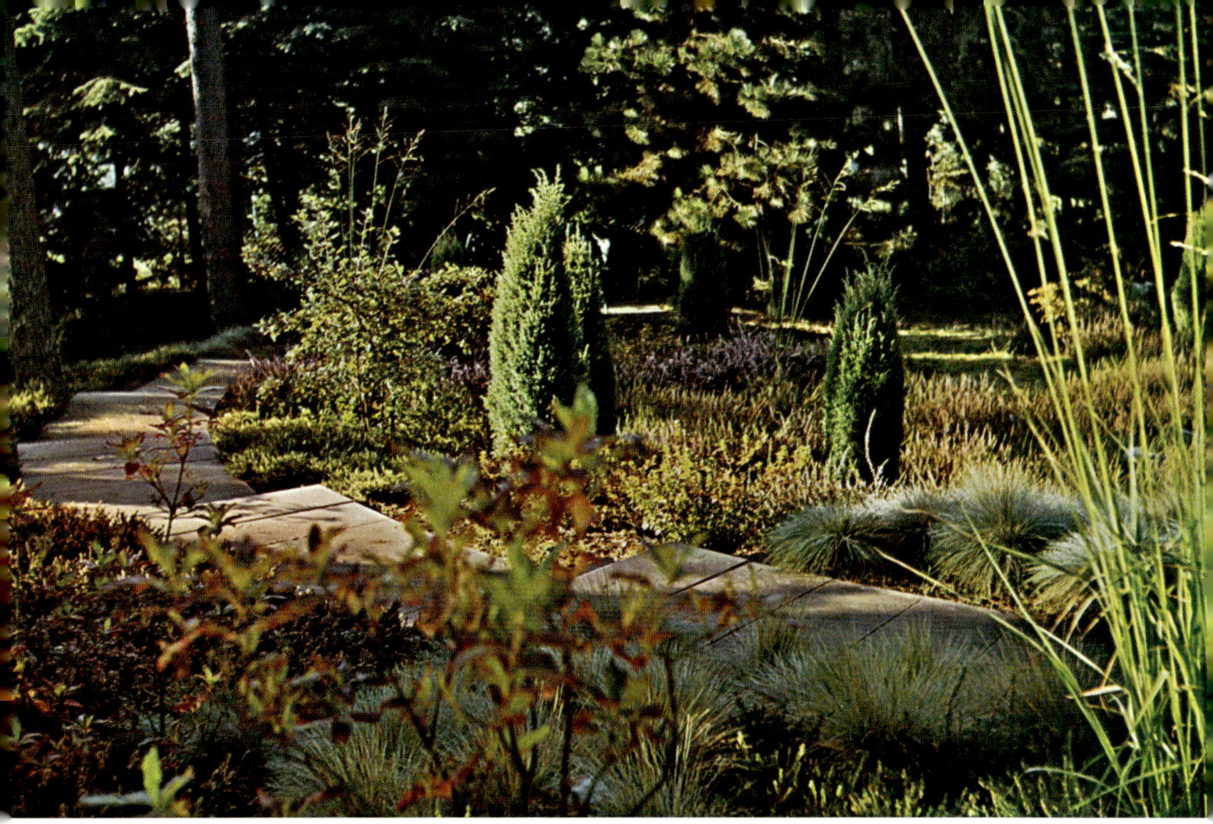

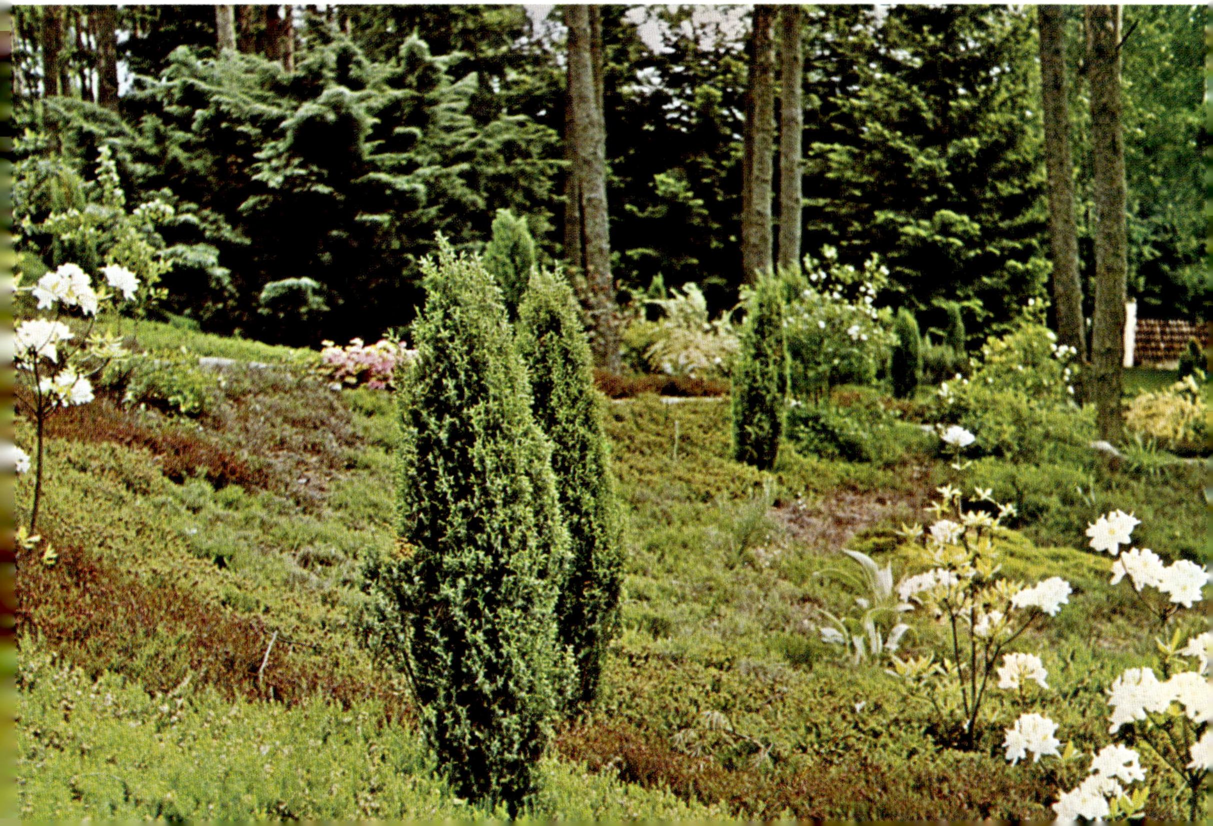

(Cytisus scoparius und seine Gartenhybriden 'Luna', im Vordergrund die kleiner bleibende 'Golden Sunlight') vor den dunklen Hintergründen.

Einzelne Weißdorn *(Crataegus monogyna)* setzen mit ihren Blüten weiße Lichter darüber, die später von den roten Tupfern der reifen Beeren abgelöst werden. Mehr als ein paar Horste der Bibernellrose *(Rosa pimpinellifolia = R. spinosissima)* mit rahmweißen Schalenblüten sollten an Gehölzen nicht hinzugefügt werden, um die Eindeutigkeit des Bildaufbaues nicht zu verwässern. Die Rosen sind frosthart und werden mit trockenen Standorten fertig. Sie bilden Wurzelausläufer und werden eindrucksvolle Gestalten, die in die angeschlagene Melodie einstimmen.

In besonderen Freiflächen bieten sich vor der Kiefernkulisse als Bodenteppich die Sorten der Besenheide *(Calluna vulgaris)* an. Vom Juli bis in den Oktober hinein kann durch richtige Sortenwahl ein im Ton zwar verhaltener, aber großräumig wirkungsvoller, farbiger Bodenteppich mit wechselnder Struktur ausgelegt werden. Er ist Schauplatz eines fröhlichen Farbenspiels in Rosalila zwischen der einheimischen *C. vulgaris* und den Gartenhybriden: Rosa gefüllte Blüten der 20 cm hohen Sorte 'County Wicklow' bilden Bänder, aus denen Horste der 75 cm hohen weißen 'Alba Hammondii' herausragen. In eine 25 cm hohe Fläche hellvioletter 'Cuprea' werden Trupps der 60 cm hohen 'H. E. Beale' eingesprengt, die bis in den Oktober hinein blüht. Die zahlreich zur Verfügung stehenden Sorten bieten eine breite Palette weiterer Töne in Rosaviolett und Weiß, bei deren Verwendung die Proportionen der einzelnen Flächengrößen und ihrer Höhen sorgfältig abgestimmt werden müssen.

Begleitmusik zu dem Farbenspiel machen die 1,5 m hohen, aufrechten Halme des Reitgrases *(Calamagrostis* ✕ *acutiflora* 'Karl Foerster'); sie wollen gesellig leben und müssen darum truppweise gepflanzt werden. Wo der Schatten der Kiefern und des Wacholders dichter wird, blüht die Heide nicht. Hier siedeln wir entweder breite Teppiche der Heidelbeere *(Vaccinium myrtillus)* oder der rotfrüchtigen Preiselbeere *(V. vitisidaea)* an. Wir durchsetzen sie mit Horsten der grazilen Waldschmiele *(Deschampsia cespitosa* 'Bronzeschleier'), die ihre meterlangen Blütenstiele über dem dunkelgrünen Untergrund pendeln läßt. Am Fuß der Kiefernstämme setzen wir Akzente durch breite Nester des Tüpfelfarns *(Polypodium vulgare),* die selbst in tiefem Schatten fröhlich gedeihen.

Dieses Vegetationsbild ist der Ausdruck seines Standortes und wird bestimmt durch wenige Arten, die wesensverwandt aufeinander abgestimmt sind.

VEGETATIONSBILD 2

Mädchenkiefern und ein farbiger Staudenteppich

Pinus parviflora 'Glauca'
– *sylvestris* 'Pumila'
– *pumila* 'Glauca'
Cytisus × *praecox*
– × *beanii*
Genista lydia

Aubrieta-Hybride
  'Schloß Eckberg'
Artemisia stelleriana
Eremurus stenophyllus
  (E. bungei)
Cerastium tomentosum
  'Columnae'
Asphodeline lutea
Eryngium × *zabelii* 'Violetta'
Helictotrichon (Avena)
  sempervirens
Acaena microphylla
  'Kupferteppich'
Heuchera-Hybride 'Feuerregen'
Eriophyllum lanatum

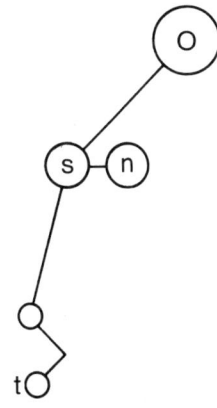

Zum Vegetationsbild 2
gehört das Farbbild 4
auf Seite 51

Für räumlich begrenzte Gärten stehen uns, bei gleichen Standortbedingungen, Kiefernarten zur Verfügung, die den gleichen Grundton anschlagen wie die Waldkiefer, in ihrem Zuwachs aber dem gegebenen Raumvolumen angepaßt sind.

Führungspflanze ist *Pinus parviflora* 'Glauca' – mit dem malerischen Wuchs, der kräftig blaugrünen Benadelung und den auffallend vielen Zapfen eine Erscheinung wie aus einem japanischen Holzschnitt. Sie bestimmt die Atmosphäre des Gartenraumes.

Ihr Blaugrün wird von zwei weiteren Kiefernarten wiederholt und gesteigert: der breit-kegelförmig wachsenden Silberkiefer *(Pinus sylvestris* 'Pumila'), die im Alter 2-3 m Höhe erreicht und von *P. pumila* 'Glauca', einer niederliegenden Kiefer, die nicht höher als 1 m wird. Wie hockende Gnome sehen sie aus, wenn sie truppweise vor den Mädchenkiefern angeordnet werden.

Diese drei blaugrünen Kiefernarten sind so raumbestimmend, daß ihnen keine anderen Gehölze außer einigen Rahmginstern *(Cytisus × praecox* und seine kleine Ausgabe *C. × beanii)* zugeordnet werden sollten. Ihre Wirkung wird durch einen violettblauen Teppich der *Aubrieta*-Hybride 'Schloß Eckberg', die wochenlang blüht, gesteigert. Die Mädchenkiefern bekrönen kleine Geländekuppen, die mit dem goldgelben Geranke der *Genista lydia* überzogen sind. Flächen von *Artemisia stelleriana,* einem blitzend silbergrauen Beifußgewächs, sind in Massen durchsetzt mit braungoldenen, steil aufrecht wachsenden Steppenkerzen *(Eremurus stenophyllus = E. bungei)*. Die Silberkiefern werden noch blaugrüner, wenn sie aus dem wirklich strahlenden Grund von *Cerastium tomentosum* 'Columnae' (Hornkraut) herauswachsen. Einige Trupps der Junkerlilie *(Asphodeline lutea)* schweben aus grundständigen Rosetten mit gelben Blütentrauben über dem Silbergrau und werden abgelöst von den dekorativen Blütenständen der Edel-

38

distel *(Eryngium × zabelii* 'Violetta'), deren dunkelviolette Blütenköpfe eine eindrucksvolle Variante spielen, wenn sie in größerer Zahl auftreten. Sie sollten aus Büscheln der grazilen Blütenstände des Blaustrahlhafers *(Helictotrichon sempervirens = Avena s.)* herausblühen. Die Wirkung der blaugrünen und silbernen Töne wird durch die Zusammenfassung mit breiten Teppichen des Stachelnüßchens *(Acaena microphylla* 'Kupferteppich') gesteigert, dessen braunrote Belaubung und rötlichen Fruchtstände durch die feuerroten, zierlichen Blütenrispen der da und dort eingesprengten Purpurglöckchen *(Heuchera-*Hybride 'Feuerregen') noch besser zur Geltung kommen. Einige Horste der Wüstengoldaster *(Eriophyllum lanatum)* ergänzen mit ihren margeritenähnlichen gelben Blüten das eindeutige Vegetationsbild auf mageren Standorten.

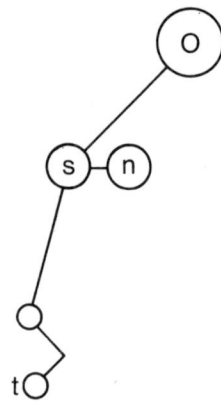

VEGETATIONSBILD 3

Zirbelkiefern – Fingerstrauch und Rittersporn

Pinus cembra
– flexilis
Sorbus decora
Pinus mugo ssp. *mugo*
Potentilla fruticosa var.
  mandshurica
– – 'Tangerine'
– – 'Longacre'
– – 'Hachmanns Gigant'
– – 'Farreri'
– – 'Jackman'
– – 'Sandvedana'
Buddleja davidii (B. variabilis)
Pyracantha crenatoserrata
  'Orange Glow'
Strauchrose 'Dirigent'

Campanula carpatica
  'Kobaltglocke'
Potentilla-Hybride
  'Gibsons Scarlet'
Linum narbonense
  'Six Hills Variety'
Delphinium-Hybride
  'Völkerfrieden'

1 *Pinus cembra*
2 *Pinus mugo* ssp. *mugo*, Hecke
3 *Potentilla fruticosa* var. *mandshurica*
4 *Potentilla fruticosa* 'Tangerine'
5 *Potentilla fruticosa* 'Hachmanns Gigant'
6 *Potentilla fruticosa* 'Longacre'
7 *Potentilla fruticosa* 'Farreri'
8 *Potentilla fruticosa* 'Sandvedana'
9 *Buddleja davidii*
10 Strauchrose
11 *Campanula carpatica* 'Kobaltglocke'
12 *Delphinium*-Hybriden 'Völkerfrieden'

41

Eine ganz andere Erscheinung als die Waldkiefer ist die Zirbelkiefer *(Pinus cembra)*. Sie ist stumpf graugrün, wächst langsam und bildet allmählich aufragende, dicht bis auf den Boden beastete, breit-pyramidale Kronen. Ihr begrenztes Wachstum – eine bei Nadelbäumen seltene Eigenschaft – macht sie zu einem tonangebenden Gehölz für mittelgroße Gartenräume. Volle Sonne und freier Stand sind auch für sie Voraussetzung für optimales Wachstum. Unmittelbare Nachbarschaft anderer hoher Gehölze beeinträchtigt ihre Bedeutung. Ihre volle Wirkung erreichen wir nur, wenn sie Führungspflanze wird. Lediglich ihre kleinere Schwester, die Nevada-Zirbelkiefer *(Pinus flexilis),* und strauchartige Ebereschen wie *Sorbus decora* können wir ihr zuordnen. Die flammende Herbstfärbung der Ebereschen, ihr Beerenbehang und ihre Struktur ergeben eine überzeugende Bildwirkung. Der Gartenraum wird von einem Wall aus Bergkiefern *(Pinus mugo* ssp. *mugo)* umschlossen. Als Bodenteppich eignen sich, in breiten, wechselvollen Gruppen angeordnet, die vielen, mannigfaltigen Fingerkräuter *(Potentilla)*. Sie blühen vom Juni bis zum Frost in verschwenderischer Fülle und bieten eine breite Palette farblicher und höhenmäßiger Differenzierungen. Ganz niedrige, grauseidene Teppiche bildet *Potentilla fruticosa* var. *mandshurica* mit reinweißen Blüten. *Campanula carpatica* 'Kobaltglocke' wird truppweise dazwischen gepflanzt; sie wirkt besonders eindrucksvoll, wenn ihr dunkles Blau mit den orangefarbenen bis kupfernen Tönen einzeln eingesprengter *Potentilla fruticosa* 'Tangerine' kontrastiert. Andere Teppiche bildet die kissenförmig wachsende Sorte 'Longacre' mit zartgelben Blüten, aus denen Trupps der besonders großblumigen 'Hachmanns Gigant' herauswachsen. Wir fügen einige Horste der staudenartigen *P.*-Hybride 'Gibsons Scarlet' dazu. Ihre kräftig scharlachrote Färbung macht sie zu einem wirksamen Partner. Die zierliche *P. fruticosa* 'Farreri' bildet goldgelbe Flächen.

Sie sollten von leuchtend blauem Flachs *(Linum narbonense* 'Six Hills Variety') durchsponnen werden. Höhenstaffelung bewirken die 1 1/2 m hohen Strauchgestalten der *Potentilla fruticosa* 'Jackman' mit goldgelben und die gleichhohe *P. fruticosa* 'Sandvedana' mit graufilzigem Laub und weißen Blüten.

Einzelgestalten der *Buddleja davidii (B. variabilis)* mit blauen oder purpurfarbenen Blütenlanzen und einige Trupps des Feuerdorns *(Pyracantha crenatoserrata* 'Orange Glow') mit leuchtendem Beerenbehang im Herbst bilden das Zwischengeschoß.

Eine besonders farbige Variante mit Hausgartencharakter entsteht, wenn über den ganzen Raum Trupps von Strauchrosen, wie die mehrfach blühende 'Dirigent', verteilt werden und ihr blutiges Rot kombiniert wird mit dem strahlenden Blau des Rittersporns *(Delphinium* 'Völkerfrieden').

Dieses Vegetationsbild zeigt, daß es auch auf relativ armen Böden, die aufgewertet sind, möglich ist, stark farbige, vielseitige Wirkungen zu erzielen, ohne daß diese in Widerspruch zu den Standortbedingungen stehen.

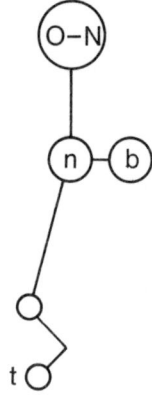

VEGETATIONSBILD 4

Tränenkiefern, Rot- und Blauzedern, dazu Tamarisken

Pinus wallichiana (P. griffithii)
Cedrus atlantica 'Glauca'
Juniperus virginiana 'Burkii'
Buddleja alternifolia
Tamarix ramosissima
  (T. odessana)
Ceanothus-Hybride
  'Gloire de Versailles'
Caryopteris × *clandonensis*
Perovskia abrotanoides
Lonicera spinosa var. *albertii*

Paradisea liliastrum 'Major'
Sedum album 'Coral Carpet'
Thymus villosus
Silene maritima 'Weißkehlchen'
Campanula carpatica var.
  turbinata
Allium giganteum
Cortaderia selloana
Anemone × *fulgens*
– blanda
Crocus chrysanthus
– tomasinianus
Tulipa clusiana
– praestans
– kolpakowskiana

1 *Pinus wallichiana*
2 *Cedrus atlantica* 'Glauca'
3 *Juniperus virginiana* 'Burkii'
4 *Cortaderia selloana*
5 *Paradisea liliastrum* 'Major'
6 *Campanula carpatica* var. *turbinata*

Die weichen, hängenden und langen, bläulichgrünen Nadeln sowie die lockere, malerische Krone machen die Tränenkiefer *(Pinus wallichiana = P. griffithii)* zu einer ausgesprochen eigenwilligen Erscheinung mit höheren Ansprüchen; sie schließt andere Kiefern als Nachbarn aus, wenn eine Beeinträchtigung ihrer Ausdruckskraft vermieden werden soll. Herrlich ist dagegen das Zusammenwirken mit der gleichfalls malerischen Gestalt der blauen Atlaszeder *(Cedrus atlantica* 'Glauca'). Beide sind für kleine Gärten ungeeignet, aber ein gebäudeumschlossener, geschützter großer Innenhof oder ein von Monumentalbauten umrahmter Grünraum ist eine angemessene Bühne für dies Schauspiel.

Die Gruppen werden in breiten Pflasteraussparungen in lockerer Ordnung eingebaut. Markante Säulen der Rotzeder, des Virginischen Wacholders *Juniperus virginiana* 'Burkii', der sich im Herbst bronzen und purpurn verfärbt, geben vertikale Akzente. Der Sommerflieder *(Buddleja alternifolia)* mit lavendelblauen Blütengehängen und die feingliedrigen Rispen rosafarbener Tamarisken *(Tamarix ramosissima = T. odessana)* unterstreichen die etwas südliche Note der Atmosphäre. Dazu passen kleine Sträucher wie die Sockelblumen *(Ceanothus-*Hybride 'Gloire de Versailles'), die Bartblumen *(Caryopteris* × *clandonensis)* und die nur kniehohen Halbsträucher aus dem Himalaja, *Perovskia abrotanoides* (Silberstrauch), mit violetten, im Herbst aromatisch duftenden Blütenrispen. Einzelne Heckenkirschen *(Lonicera spinosa* var. *albertii),* kombiniert mit der Paradieslilie *(Paradisea liliastrum* 'Major'), wachsen aus einem Teppich bronzerot verfärbender *Sedum album* 'Coral Carpet'. Er wird durchflochten von graufilzigem *Thymus villosus.* Weißes Leinkraut *(Silene maritima* 'Weißkehlchen') und blaue Glockenblumen *(Campanula carpatica* var. *turbinata)* ergeben farblich differenzierte Nuancen. Hüfthoch schieben sich die purpurblauen Blütenbälle des Lauchs *(Allium gigan-*

teum) über diesen, während des ganzen Jahres wirkungsvollen Bodenteppich. Gibt man dieser Pflanzengesellschaft die Nachbarschaft der imposanten Gräsergestalt Südamerikas, dem Pampasgras *(Cortaderia selloana)* mit seinen Silberfahnen, so wird die Begeisterung für diese ungewöhnliche Erscheinung ihren bei uns notwendigen Winterschutz gern in Kauf nehmen. Im Frühling glüht der Untergrund von zahllosen *Anemone* × *fulgens* in kraftvollem Scharlach, von *A. blanda,* durchsetzt mit Scharen von *Crocus chrysanthus* und *C. tomasinianus,* denen Wildtulpen wie *Tulipa clusiana, T. praestans* und *T. kolpakowskiana* und andere Arten der frühzeitig blühenden Tulpen folgen können.

Die Beschränkung auf das eindeutige Grundthema der Tränenkiefer und ihrer Begleiter in Abhängigkeit vom geschützten Standort ergibt eine überzeugendere Wirkung als die häufig in solchen Situationen geübte Methode der Anlage von Rasenflächen, umrahmt von Allerweltssträuchern.

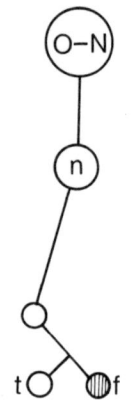

VEGETATIONSBILD 5

Schwarzkiefernarten, umrankt von Waldreben

Pinus nigra (P. austriaca)	*Dryas × suendermannii*
– leucodermis	*Aster alpinus*
– contorta	*Heuchera*-Hybride
– mugo ssp. *mugo*	'Red Spangles'
– – ssp. pumilio	*Liatris spicata* 'Kobold'
Rosa hugonis	*Campanula*-Portenschlagiana-
Viburnum plicatum 'Mariesii'	Hybride 'Birch Hybrid'
Cytisus purpureus	*Aster*-Dumosus-Hybriden
Clematis montana 'Rubens'	*Oenothera tetragona*
– Lanuginosa-Hybriden	'Hohes Licht'
– Patens-Hybriden	
– Jackmanii-Hybriden	
– alpina	
– tangutica	

Schwarzkiefern *(Pinus nigra = P. austriaca)* sind monumentale, stark wachsende und raumbestimmende Gestalten. Die dunkelgrünen, langen Nadeln und die eindrucksvollen Zapfen, ihre Wind- und Rußfestigkeit machen sie zu einem idealen Nadelholz für große Gärten und Parkanlagen. Nur für Hausgärten mit begrenztem Ausmaß sind sie völlig ungeeignet, obwohl sie dort immer wieder gepflanzt werden und die Maßstäbe der Gartenräume sprengen.

Für Parkanlagen sind Schwarzkiefern, kombiniert mit Lärchen *(Larix)* und Birken *(Betula),* ein durchaus wirkungsvolles Thema; in mittleren und kleinen Gärten sind die etwa 10 m Höhe erreichende Schlangenhautkiefer *(Pinus leucodermis = P. heldreichii* var. *leucodermis)* und die Drehkiefer *(P. contorta)* mit ihrer noch geringeren Höhenentwicklung und dem eigenwilligen Wuchs am Platz – bei gleicher Wirkungsausstrahlung fügen sich beide viel besser in die begrenzten Raumverhältnisse ein. Beide haben dunkelgrüne Benadelung und können besser mit Laubhölzern kombiniert werden als ihre graugrünen Verwandten. Im kleinsten Garten gelangt schon ein einzelnes Exemplar zu prägender Wirkung.

Eine kleine Geländekuppe ist der Standort der Kiefern. Trupps von *Pinus mugo* ssp. *mugo* und *P. mugo* ssp. *pumilio* wirken wie Kinder der Mutterpflanzen. *Rosa hugonis,* die Mairose, die ihre Blütenschalen an überhängenden Trieben wie kostbare Goldschmiedearbeit entfaltet, korrespondiert mit dem Schneeball *(Viburnum plicatum* var. *tomentosum* 'Mariesii'), dessen waagerecht ausgebreitete Äste mit großen weißen Blütentellern besetzt sind. *Dryas* × *suendermannii* bildet einen gleichmäßigen, wintergrünen Teppich mit weißen Schalenblüten und federigen Fruchtständen. Sie hat eine ausgesprochene Dauerwirkung. *Cytisus purpureus,* der rote Geißklee, hängt mit seinen Blütendolden über einen Steinblock; *Aster* × *alpinus* in Gartensorten, mit violetten Blüten und orangegel-

bem Blütenboden, werden sparsam verteilt. Das Purpurglöckchen *(Heuchera*-Hybride 'Red Spangles') läßt leuchtend scharlachrote Blütenrispen vom Juni bis August über der Fläche
schweben. Später übernehmen die Blütenrispen der Prachtscharte *(Liatris spicata* 'Kobold') ihre Rolle. Glockenblumen
(Campanula-Portenschlagiana-Hybride 'Birch Hybrid'), mit
locker eingestreuten Nachtkerzen *(Oenothera tetragona* 'Hohes
Licht'), geben für viele Wochen immer neue Überraschungen.
Und dann durchsetzen wir den ganzen Raum mit Waldreben
(Clematis).

Im Mai blüht aus den Kiefern heraus *Clematis montana*
'Rubens' mit zahllosen lichtrosa Gehängen; Lanuginosa-, Pa-
tens- und Jackmanii-Hybriden folgen ihr mit purpurnen, lavendelblauen und weißen Blütensternen und schaffen, aus
Kiefern herauspendelnd, eine Atmosphäre, die wie verzaubert
erscheint. Violett blühende Alpenwaldreben *(C. alpina)* über-
spinnen mit ihrem Netz die breiten Büsche der *Pinus mugo*
ssp. *mugo.* Ältere Kiefernstämme erhalten einen kostbaren
Umhang aus gelbblühender *Clematis tangutica.* Sie ist ein
Juniblüher und beschert uns später das Filigran ihrer silbrig
behaarten Fruchtstände. Im Herbst leuchten die starken Farben der *Aster*-Dumosus-Hybriden vor der dunkelgrünen Kulisse der Kiefern in violetten, blauen, rosa und weißen Tönen.

VEGETATIONSBILD 2

Farbbild 4. *Genista lydia,* hier durchsetzt mit *Asphodeline lutea,* ist eine
wenig bekannte Kostbarkeit für trockene Standorte. Sie gehört zur Gesellschaft der *Pinus parviflora* 'Glauca'.

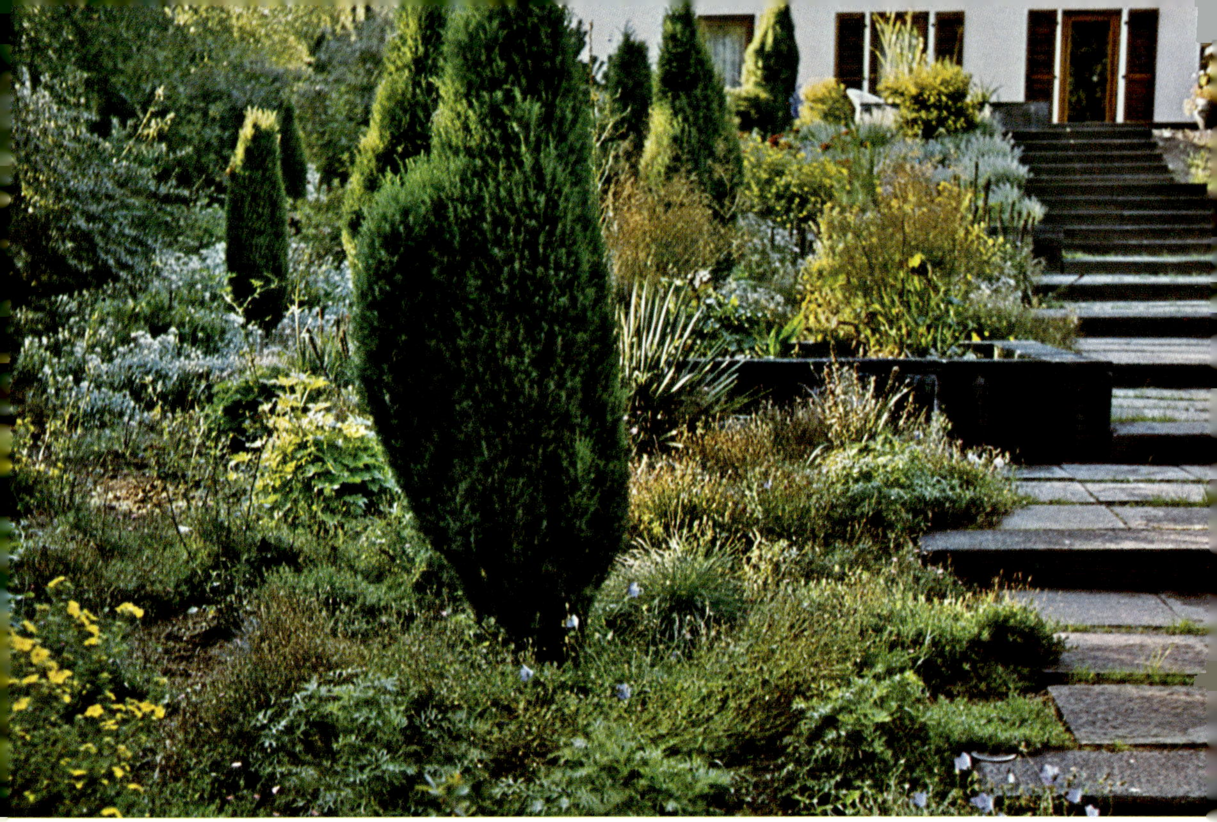

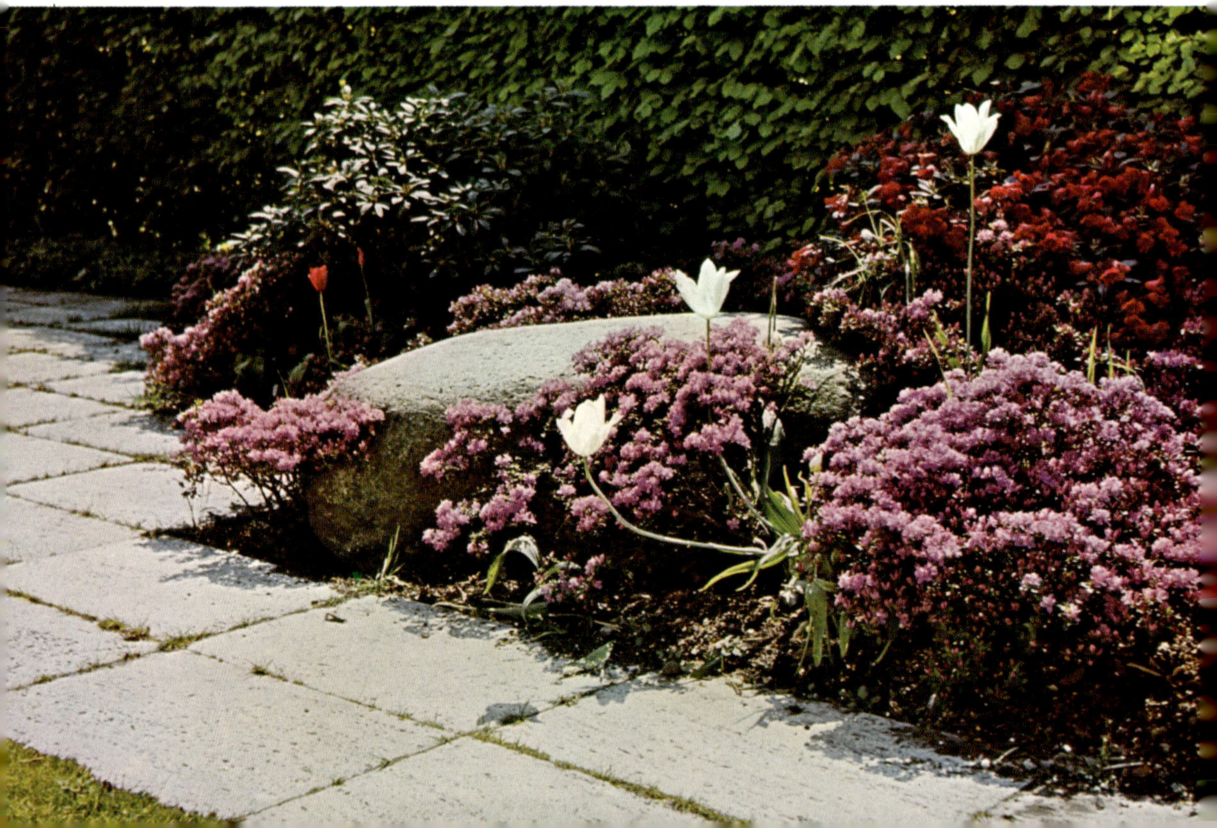

VEGETATIONSBILD 6

Virginischer Wacholder und leuchtende Azaleen

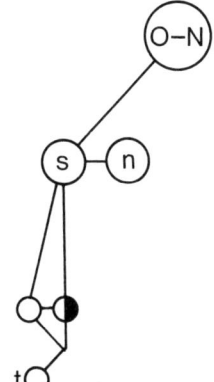

Juniperus virginiana 'Glauca'
– – 'Grey Owl'
– – 'Canaertii'
Azaleen, z. B. Knap-Hill-
  Hybriden
'Tunis'
'Harvest Moon'
'Hotspur Red'
'Persil'

Nepeta × faassenii
Camassia cusickii
Eryngium alpinum 'Amethyst'
Salvia nemorosa 'Ostfriesland'
Verbascum longifolium var.
  pannosum
Helictotrichon (Avena)
  sempervirens
Aster amellus

VEGETATIONSBILD 7

Farbbild 5. Wie Ausrufezeichen wirken die straffen Säulen der *Juniperus communis* 'Suecica'. Durch gestaffelte Anordnung werden Höhenunterschiede des Geländes erst sichtbar.

VEGETATIONSBILD 9

Farbbild 6. *Rhododendron*-Arendsii-Hybride 'Multiflorum' ist ein herrlicher ausdauernder Bodenteppich vor *Picea omorika*.

53

Der auch als Rotzeder bezeichnete Virginische Wacholder *Juniperus virginiana* stellt die gleichen Standortansprüche wie die Kiefer. Völlig anders ist aber ihre Bildwirkung. Sie erscheint als eindrucksvolle Säule mit lockerer Bezweigung. *J. virginiana* 'Glauca' hat stahlblaue Nadeln. 'Grey Owl' steigert mit den flach aufsteigenden Ästen ihre Wirkung. Diese Gruppierung wird rhythmisch im Raum verteilt, so daß eindeutige Schwerpunkte geschaffen werden, die während des ganzen Jahres als Raumgerüst wirksam bleiben. Sparsam wird die Sorte 'Canaertii' zugesellt. Ihr malerischer Wuchs und der reichliche, ins Auge fallende blauweiße Fruchtbehang machen sie zu einem besonders geeigneten Partner. Im kleinsten Garten kann schon eine Einzelgruppe bildhafte Wirkung ausstrahlen.

Diese eindeutige, stahlblaugraue Kulisse ist ein idealer Hintergrund für die leuchtende Farbenskala laubabwerfender großblumiger Azaleen. Ob nun Sorten aus der Gruppe der Genter-, der reichblütigen Knap-Hill- oder der starkwüchsigen Mollis × Sinensis-Hybriden gepflanzt werden, ist eine Frage persönlicher Neigung. Mit ihren klaren Farben sind sie alle vor diesem Hintergrund wirkungsvoll. Wichtig ist nur die proportionelle Abstufung der Farben zueinander. Natürlich wird die Wirkung anders, wenn überwiegend starkes Orange, sparsam mit Flächen von Hellgelb, Kupferrot und eingesprengtem Weiß verbunden wird, als wenn Gelb oder Kupferrot die Führungsfarbe ist und die anderen Töne zurücktreten. Als Beispiel aus der Gruppe des Knap-Hill-Sortiments ergeben sich nachstehende Kompositionen:

Breite Flächen werden aus dem leuchtenden Orangerot der Sorte 'Tunis' gebildet. Eingesprengt werden die großen Blütenstände der Sorte 'Harvest Moon' mit ganz hellem Gelb. Das Orange der Führungssorte wird noch kraftvoller durch zugeordnete Tupfer vom Rot der Sorte 'Hotspur Red'. Reinweiße

Flecken der Sorte 'Persil' bilden lösende Akzente der Gruppe. Das Überwiegen des Orange gibt dieser Kombination eine starke Ausstrahlung mit Fernwirkung.

Ganz anders ist der Eindruck, wenn das Hellgelb der Sorte 'Golden Harvest' führt und die anderen Farben nur zugeordnet werden. Wirkungslos aber und nichts als bunt wäre eine wahllose Mischung mit gleicher Anzahl der einzelnen Sorten. Das bewußte Herausmodellieren einer Wirkung ist nun einmal eine bedeutsame Aufgabe, die für jede Pflanzung gelöst werden muß.

Das etwas müde Violett der Katzenminze *(Nepeta × faassenii)* steigert die strahlende Wirkung der Azaleenfarben und des blaugrünen Hintergrundes zu bildhafter Komposition. Ganz breite Flächen können so gestaltet werden. Ihre Wirkung füllt einige Wochen des späten Frühlings bis in den Juni hinein. Wir setzen Trupps der *Camassia cusickii* dazu, deren hellblaue Kerzen in die Blütenstände der Azaleen hineinragen. Edeldisteln *(Eryngium alpinum* 'Amethyst'), dunkelviolette Rispen der Salbei *(Salvia nemorosa* 'Ostfriesland') und übermannshohe Königskerzen *(Verbascum longifolium* var. *pannosum)* zaubern zusammen mit zahlreichen silbergrauen Halmen des Blaustrahlhafers *(Helictotrichon sempervirens = Avena s.)* ein farbenfrohes Bild, das bis in den Herbst hinein wirkt, wenn größere Scharen der Sommeraster *(Aster amellus)* ihre Melodie in dunkelvioletten, hellblauen und rötlichen Tönen spielen. Alle Staudenastern müssen so zahlreich auftreten, daß sie den gesamten Raum durchstrahlen.

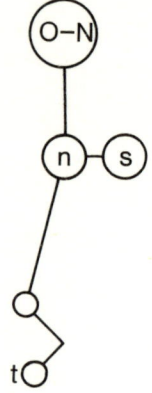

VEGETATIONSBILD 7

Säulenwacholder – Strauchrosen und Palmlilien

Juniperus virginiana 'Skyrocket'
– chinensis 'Hetzii'
Strauchrose 'Bischofsstadt
  Paderborn'
Floribundarose 'Topsi'

Artemisia pontica
Delphinium-Hybride 'Ariel'
Festuca glauca
Veronica incana
Gypsophila paniculata
  'Bristol Fairy'
– repens
Allium jesdianum
  (*A. rosenbachianum*)
Yucca filamentosa
– – 'Elegantissima'
– glauca
Iris reticulata
Eranthis hyemalis
Crocus sativus

Zum Vegetationsbild 7
gehört das Farbbild 5
auf Seite 52

56

1 *Juniperus virginiana* 'Skyrocket'
2 Strauchrose 'Bischofsstadt Paderborn'
3 Floribundarose 'Topsi'
4 *Delphinium*-Hybride 'Ariel'
5 *Allium jesdianum*
6 *Yucca*-Sorten
7 *Artemisia pontica*
8 *Festuca glauca*

Juniperus virginiana 'Skyrocket' ist für dieses Thema eine reizvolle Variante, selbst für kleinste Gärten. Die ganz schmalen, blaugrünen Säulen werden bis 5 m hoch. Sie wirken wie kleine Zypressen in südlichen Ländern und müssen mit mehreren Exemplaren raumbestimmend sein.

Eine Hecke aus *Juniperus chinensis* 'Hetzii' schafft eine 2 m hohe, blaugrüne Raumwand, wenn wir Pflanzen mit aufgebundenem Mitteltrieb verwenden. *Artemisia pontica* (Edelraute) bildet einen breiten, weißfilzigen Sockel unter den Wacholdersäulen. Er ist Resonanzboden für den Orange-Ton der mehrfach blühenden, mannshohen Strauchrose 'Bischofsstadt Paderborn' und truppweise zugeordneter Floribundarosen 'Topsi'. Einzelne Horste des blaßblauen Rittersporns, *Delphinium* 'Ariel', stehen auf einem Teppich aus Blauschwingel *(Festuca glauca),* den silberweißer Ehrenpreis *(Veronica incana)* mit dunkelblauen Blütenkerzen und schneeweißes Schleierkraut *(Gypsophila repens)* beleben. Die hohe *G. paniculata* 'Bristol Fairy' verbindet Rosen und Rittersporn.

Wenn das wirklich blitzende Orange der Rosen, das Blaßblau des Rittersporns, durchwirkt von Schleierkrautwolken, vor den aufragenden Wacholdersäulen flimmert, so sind das unvergeßliche Festwochen im Garten.

Die flach wachsende *Gypsophila repens* ist der Untergrund für zahlreich eingesprengte Blumenlauche. Lilapurpur Blütenbälle schiebt *Allium jesdianum (A. rosenbachianum)* im Juni aus dem schaumig weißen Untergrund. Zur gleichen Zeit steigen die dekorativen Blütenschäfte der *Yucca* (Palmlilie) aus dichten Blattrosetten bis zu Mannshöhe auf und entwickeln mit ihren grünlichweißen Blütenrispen ein eindrucksvolles Gartenbild, wenn sie nicht einzeln, sondern in Trupps auftreten und damit die Raumatmosphäre in dieser Zeit bestimmen. *Yucca filamentosa, Y. filamentosa* 'Elegantissima' und *Y. glauca* sind Gestalten, die ungestört lange an ihrem

58

Standort bleiben wollen, um ihre volle Schönheit zu entwickeln.

Der Frühling steht unter dem Zeichen von *Iris reticulata,* die,
begleitet vom gelben Winterling *(Eranthis hyemalis),* wie Edel-
steine auf silbernem Grund erscheinen, wenn in anderen
Gärten noch tiefer Winter herrscht. Der Herbst dieser kleinen
eindeutigen Gartenveranstaltung klingt aus mit dem lilablauen
Leuchten des Safrans *(Crocus sativus).*

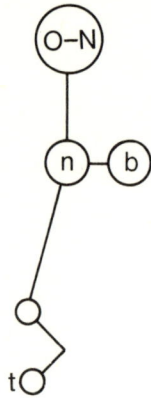

Variante

VEGETATIONSBILD 8

Blaufichten und Sanddorn auf silbergrauem Grund

Picea pungens 'Glauca'
– – 'Glauca Globosa'
– – 'Glauca Procumbens'
Chamaecyparis pisifera
   'Squarrosa'
Hippophaë rhamnoides
   oder *Elaeagnus commutata*
   (E. argentea) und *Buddleja*
   alternifolia
Cotinus coggygria 'Rubrifolius'

Artemisia schmidtiana 'Nana'
– *pontica*
Papaver orientale 'Großmogul'
Eryngium planum
Echinops banaticus
   'Taplow Blue'
Macleaya cordata
Dianthus gratianopolitanus
   'Eydangeri' oder 'Nordstjernen'
Campanula carpatica var.
   turbinata
Oenothera missouriensis
Lavandula angustifolia
Salvia-Nemorosa-Hybride
   'Mainacht'
Eremurus × *isabellinus*

Festuca ovina 'Blaufunk'
– – 'Blauglut'
– – 'Harz'
Adonis vernalis
Pulsatilla vulgaris
   (Anemone pulsatilla)
Iris germanica (Barbata-Nana-Gr.)
Achillea ageratifolia ssp. *serbica*
Tulipa batalinii
Helianthemum lunulatum
Linum perenne
Sedum album 'Coral Carpet'
Dianthus arenarius
Asphodeline lutea
Allium christophii
Thymus villosus
Verbascum bombyciferum
Campanula cochleariifolia
Liatris spicata

60

1 *Picea pungens* 'Glauca'
2 *Picea pungens* 'Glauca Procumbens'
3 *Hippophaë rhamnoides*
4 *Buddleja alternifolia*
5 *Artemisia schmidtiana* 'Nana'
6 *Papaver orientale* 'Großmogul'
7 *Echinops banaticus* 'Taplow Blue'
8 *Eremurus* × *isabellinus*
9 *Salvia nemorosa*
10 *Campanula carpatica* var. *turbinata*

Für die meisten Gartenarchitekten war früher einmal die silberblaugrüne Blaufichte das rote Tuch. Für manche ist sie es auch heute noch. Warum eigentlich! Es gibt kaum häßliche Pflanzen. Es gibt nur falsche Pflanzenanwendung. Die Gründe für die Ablehnung der Blaufichte *(Picea pungens)* stammen aus ihrer Verwendung um die Jahrhundertwende. In einem vornehmen Garten stand sie auf beiden Seiten des Hauseingangs als Solitär, kombiniert mit Blutbuchen und panaschiertem Eschenahorn. Dadurch wurde sie zum totlangweiligen Requisit des kommerzienrätlichen Vorgartens. Später wurde sie in Acht und Bann getan, und das hat sie nun ganz bestimmt nicht verdient.

Picea pungens 'Glauca' und ihre veredelten Formen entwickeln ihre wahren Eigenschaften, wenn man sie den Ton angeben läßt. Ihr silbernes Blaugrün muß im Gartenraum zum Gestaltungselement werden, und die Standortbedingungen müssen ihrem Wesen entsprechen. Gerade ihre besondere Eigenart kann, wenn auch das übrige Pflanzenorchester auf sie abgestimmt wird und keine falschen, störenden Elemente zugeordnet werden, eine überzeugende Bildwirkung ergeben. Den Raumschluß bilden wir aus heckenartig gepflanzten Federzypressen *(Chamaecyparis pisifera* 'Squarrosa'). Der deutsche Name trifft zu: sie hat eine fast federige Benadelung, deren Silberblaugrün in wirksamem Kontrast zur braunroten Rinde der Stämme steht.

Wir verteilen die Blaufichten truppweise und verbinden sie mit Kleinformen, der gedrungen wachsenden *Picea pungens* 'Glauca Globosa', die nur 1,5 m hoch wird, und *P. pungens* 'Glauca Procumbens', die nichts weiter als eine Seitentriebveredelung der aufrechtwachsenden Blaufichte ist und phantastische Gestalten ohne aufsteigenden Gipfeltrieb bildet. Zur Unterstreichung der Bildwirkung sollte die Gartenfläche plastisch modelliert sein.

Weitere Nadelhölzer würden die Wirkung stören. Aber der Sanddorn *(Hippophaë rhamnoides)* mit seiner silbergrauen Belaubung und den herbstlichen korallenroten Beeren paßt dazu, oder Silberne Ölweide *(Elaeagnus commutata = E. argentea)* und der graziöse Schmetterlingsstrauch *(Buddleja alternifolia),* dessen lavendelblaue Blütenrispen aus den starren Fichtenzweigen herauspendeln.

Die Bodendecke spielt bei diesem Vegetationsbild eine wichtige Rolle. Sie muß die grünsilbernen Lichter der Blaufichten und ihrer Begleiter widerspiegeln. Das gelingt, wenn wir breitflächig den silbergrauen Wermut *(Artemisia schmidtiana* 'Nana') als Teppich den Blaufichten zu Füßen legen. Er wird nur eine Spanne hoch, und die Blütenstände sind unscheinbar. Aber er strahlt eine Wirkung aus, die keine andere Pflanze erreicht. *A. pontica,* der Steppenwermut, hat eine ähnliche Wirkung, wird aber fußhoch. Brandroter Mohn *(Papaver orientale* 'Großmogul') flammt daraus empor. Stahlblau blühende Edeldisteln *(Eryngium planum),* einzelne hochwachsende Kugeldisteln *(Echinops banaticus* 'Taplow Blue') und die etwas wuchernde *Macleaya cordata* bieten Steigerungsmöglichkeiten der Grundfarbe in höherer Ebene. In dieses blitzende Silbergrau setze man einmal einen einzelnen Perückenstrauch *(Cotinus coggygria* 'Rubrifolius'). Die Wirkung der tiefroten Belaubung und der rötlichsilbernen Fruchtstände, die wie eine Perücke den Strauch überziehen, ist faszinierend. Pfingstnelken *(Dianthus gratianopolitanus* 'Eydangeri' oder 'Nordstjernen'), durchsetzt mit den blauen Schalen der Karpatenglockenblume *(Campanula turbinata)* und eingesprengten Nachtkerzen *(Oenothera missouriensis),* bilden einen während des ganzen Jahres wirksamen Teppich in Silbergrau. Einige Horste des Lavendels *(Lavandula angustifolia)* und der Salbei *(Salvia-*Nemorosa-Hybride 'Mainacht') sind mit ihrem verhaltenen Blau und Violett gute Gesellschafter. Eine wirkliche Festtagsbeleuchtung schaffen wir durch die gelben, orange und roten hohen Steppenkerzen *(Eremurus × isabellinus)*. Ihre leuchtenden Farben ergeben eine ganz starke Wirkung vor dem Stahlblau der Gehölze, wenn sie in großer Zahl auftreten.

Die Fülle der Pflanzenarten, die sich für dieses Vegetationsbild eignen, ist so groß, daß eine Beschränkung notwendig ist, um eine Überladung und damit die Aufhebung überzeugender Bildwirkung zu vermeiden. Nur bei größerer Gartenfläche sind weitere Varianten denkbar.

Variante Bei gleicher Zusammensetzung der Gehölzarten unter Führung von *Picea pungens* 'Glauca' wird ein flächiger, durchgehender Bodenteppich aus Sorten des Blauschwingels *(Festuca ovina)* entwickelt. Die neuen Auslesen und Züchtungen ermöglichen vielfältige farbliche Differenzierung. Beispiel: eine silberblaue Fläche aus *F. ovina* 'Blaufunk', bandartig von der tiefblauen, purpurrot blühenden 'Blauglut' durchzogen und punktartig mit der schwärzlich-blaugrünen Sorte 'Harz' durchsetzt. Dieser neutrale blaugrüne Gräserteppich ist ein wirkungsvoller Untergrund, um farbige Muster hineinzusticken.

Ganz früh schon leuchten aus ihm die goldenen Sternblüten des Adonisröschens *(Adonis vernalis)* und die dichtbehaarten Blütenkelche der Kuhschelle *(Pulsatilla vulgaris = Anemone pulsatilla)*, die mit den gleichzeitig blühenden Gartensorten der Zwergiris *(Iris germanica,* Barbata-Nana-Gruppe) benachbart werden. Im Mai folgen ihnen, mit silbergrauem Laub und spannhohen weißen Blüten, niedrige Garben *(Achillea ageratifolia* ssp. *serbica)*, mit Trupps der gelben Wildtulpe *(Tulipa batalinii)* dazwischen. Das Sonnenröschen *(Helianthemum lunulatum)* setzt später gelbe Lichter auf und wird von himmelblauem Leinkraut *(Linum perenne)* überspielt. Aus kleinen Flächen von *Sedum album* 'Coral Carpet' mit darin

64

eingestreuten Sandnelken *(Dianthus arenarius)* durchleuchten im Juni Scharen der gelbsternigen Junkerlilie *(Asphodeline lutea)* den Raum und geben einen wirkungsvollen Kontrast zu den truppweise eingesprengten, violetten, schwebenden Kugeln des Blumenlauchs *(Allium christophii* = *A. albopilosum),* der einem Teppich von Thymian *(Thymus villosus)* entsteigt. Ornamentale Türme, mit schwefelgelben Blüten und silberwollig überzogenen Blättern, baut eine Königskerze *(Verbascum bombyciferum).* Inzwischen haben zahllose Blütenglocken der Zwergglockenblume *(Campanula cochleariifolia)* den Teppich der *Festuca* durchwirkt. In dichten Ähren schieben sich daraus die Blattschöpfe der Prachtscharte *(Liatris spicata)* mit 80 cm hohen, violettfarbenen Rispen.

Es ist ein wechselvolles Spiel möglich mit diesen Blaufichten, und wir können feststellen, daß alle negativen Urteile über die Blaufichte nur dann stimmen, wenn diese charaktervolle Pflanze ohne Phantasie in eine nicht zur ihr passende Gesellschaft eingeordnet wird. Schneeball, Rotdorn, Syringen und Goldregen sind keine geeigneten Nachbarn, auch wenn diese Mixtur in noch so vielen Gärten auftritt.

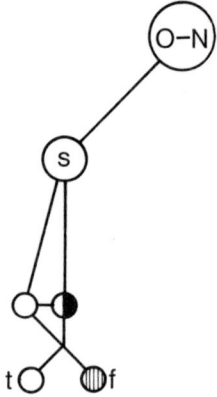

VEGETATIONSBILD 9

Omorikafichten – Alpenrosen, Farne und Sauerklee

Picea omorika
Rhododendron russatum
– Augustinii-Hybride
'Blue Diamond'
– Impeditum-Hybride
 'Amethyst'
– – 'Blue Tit'
– *keleticum*
– *fastigiatum*
– Arendsii-Hybride
 'Multiflorum'
– *augustinii*
Fothergilla major

Oxalis acetosella
Adiantum pedatum
Blechnum spicant
Dryopteris borreri 'Crispa'
Polypodium vulgare
 'Cornubiense'
Asarum europaeum
Astilbe simplicifolia
 'Praecox Alba'
– – 'Aphrodite'
– – 'Atrorosea'
Campanula lactiflora 'Prichard'
Deschampsia cespitosa
 'Bronzeschleier'
Lilium-Orient-Hybride
 'Imperial Silver'
– – 'Imperial Gold'
– – 'Adventure'
– – 'White Champion'

Variante

Rhododendron-Hybride
 'Diamant Azalea'
– Kurume-Hybride 'Hinodegiri'
– – 'Hinomayo'
– *mucronatum* 'Alba' *(Azalea
 ledifolia)*

Zum Vegetationsbild 9
gehören die Farbbilder 6 und 7
auf Seite 52 und 77

1 *Picea omorika*
2 *Rhododendron russatum*
3 *Rhododendron*-Augustinii-Hybride 'Blue Diamond'
4 *Rhododendron keleticum*
5 *Rhododendron fastigiatum*
6 *Rhododendron*-Arendsii-Hybride 'Multiflorum'
7 *Fothergilla major*
8 *Oxalis acetosella*
9 *Blechnum spicant*
10 *Asarum europaeum*
11 *Deschampsia cespitosa* 'Bronzeschleier'

Rotfichten *(Picea abies)*, Orientfichten *(P. orientalis)* und
Sitkafichten *(P. sitchensis)* in kleine und mittlere Gärten zu
pflanzen, ist selbt bei geeigneten Standortbedingungen ein
grundsätzlicher Fehler, der gleichwohl immer wieder be-
gangen wird. Alle genannten Arten erlangen ihre volle Schönheit erst dann, wenn sie ihre bis zum Boden beasteten Pyramiden ohne seitliche Einengung bilden können. Infolge ihrer
Breitenentwicklung im Laufe des Höhenzuwachses, der bis
zu 30-40 m reicht, füllen diese Arten die Gärten restlos aus,
ohne die Möglichkeit gartenmäßiger Zuordnung anderer
Pflanzen. Bei engem Stand kahlen sie alle aus und werden
wertloses Stangenholz. Nur wenige Arten sind für Garten-
bedingungen auf die Dauer geeignet, z.B. *Picea omorika* (Serbische Fichte).

Zwar erreicht auch die mit malerisch herabhängenden Zweigen schnell wachsende, elegante Serbische Fichte beträchtliche Höhen. Ihr schmalpyramidaler Wuchs von höchstens
4 m Basisbreite gibt uns aber die Möglichkeit, mit ihr überzeugende hohe Gartenräume zu schaffen, wenn sie nicht
durch andere Gehölzarten in ihrer eindeutigen Wirkung
beeinträchtigt wird. Richtige Festlegung der Gruppen und
sorgfältige Einordnung von freistehenden Einzelexemplaren
sind entscheidend für das kulissenartig gegliederte Raumbild.
Zu ihrem Wohlbefinden müssen Omorikafichten in leicht
saure Böden mit einem pH-Wert zwischen 5 und 6 gepflanzt
werden. Auf alkalischen Böden neigen sie zum plötzlichen
Braunwerden, zum sogenannten Omorikasterben.

Der sauren Bodenreaktion entsprechend bilden wir die Früh-
lingsphase in dem lichten Fichtenhain aus kleinbleibenden
Rhododendron-Arten, vornehmlich der Impeditum-Gruppe.
Ihre Wuchshöhe schwankt je nach Art und Sorte zwischen
kniehoch bis hüfthoch. Die Farbpalette reicht von reinem
Hellblau bis zum dunklen Violett. Diese Farben sollten mit

ganz breitem Pinsel aufgetragen werden, d.h., wir setzen sie nicht einzeln, sondern ordnen sie in buchtenreichen Bändern und geschlossenen Gruppen an, so daß ihre leuchtenden Töne im April/Mai vor dem dunklen Hintergrund der Fichten bestimmend wirksam werden. Als Führungsart pflanzen wir *Rhododendron russatum,* dessen dunkles Violett mit einzelnen höher wachsenden violettblauen Augustinii-Hybriden 'Blue Diamond' durchsetzt wird. Zu der niedrigen lilablauen Arends-Züchtung 'Amethyst' ordnen wir die hohe hellblaue 'Blue Tit'. Ganz flache Bänder von 15 cm Höhe bilden im Vordergrund purpurviolett blühende *Rh. keleticum,* durchsetzt mit den hellpurpur blühenden, 50 cm hohen *Rh. fastigiatum,* die sich in einem ganz breiten Teppich der willig wachsenden, purpurrot blühenden Arendsii-Hybriden 'Multiflorum' fortsetzen.

Die Wirkung der weißen Blütenstände des Federbuschstrauches *(Fothergilla major)* ist faszinierend, wenn sie in seitlich einfallendem Sonnenlicht neben dem strahlend violetten *Rhododendron augustinii* über den purpurblauen Untergründen sich entfalten – ein Bild festlicher Freude, wozu auch der gleichzeitig mit der Blüte erscheinende orangerote Austrieb beiträgt. Dank seiner leuchtend orange Herbstfärbung wird er in dieser Umgebung zu einem ausgesprochenen Gartenkleinod.

Zu diesen farblich stark wirksamen Kombinationen muß der Bodenteppich besonders gut abgestimmt werden.

Das Lindgrün des Sauerklees *(Oxalis acetosella),* in ganz breiten Flächen ausgelegt, bildet einen wirkungssteigernden Resonanzboden. Daraus erheben sich, truppweise eingesprengt, die frischgrünen, grazilen Wedel des Hufeisen- oder Pfauenradfarns *(Adiantum pedatum).* Eine wechselvolle Gesellschaft kleinbleibender Farne wird hinzugefügt: hier Rippenfarn *(Blechnum spicant)* mit lederartigem Blattwerk, dort fuß-

69

hoher, wellig gekrauster Zwerggoldschuppenfarn *(Dryopteris borreri* 'Crispa'). Bis in den Vollschatten der Fichten bilden Horste des Tüpfelfarns *(Polypodium vulgare* 'Cornubiense') eindrucksvolle Punkte in einem Teppich der Haselwurz *(Asarum europaeum).* Prachtspieren – *Astilbe simplicifolia* 'Praecox Alba' in Weiß, 'Aphrodite' in Rot und 'Atrorosea' in Lachsrosa – durchsetzen mit ihrem dunklen Laubaustrieb das helle Grün des Sauerklees und bewirken im Spätsommer mit ihren farbigen Rispen einen ganz anderen Raumeindruck, der durch das Einfügen richtig verteilter *Campanula lactiflora* 'Prichard' raffiniert gesteigert werden kann. Ihre amethystvioletten Glokken läuten aus Horsten der goldbraunen Waldschmiele *(Deschampsia cespitosa* 'Bronzeschleier') heraus, deren weitschweifige Rispen dann bereits Samenstände tragen. Um das eindeutige Bild nicht zu zerstören, sollte man in dieser Phase auf weiteren Flor verzichten. Ist sie beendet, öffnen sich die spätblühenden Lilien, die schon wochenlang ihre eindrucksvollen Knospenanlagen entwickelt haben: reinweiß mit roten Sprenkeln schweben Blütenschalen der 'Imperial Silver', goldgestreift und dunkelrot gepunktet 'Imperial Gold'. Bis in den September hinein leuchten die karminroten Sterne der 'Adventure' über dem strahlenden Weiß der 'White Champion'. Die Liste im späten Sommer blühender eindrucksvoller Liliengestalten ließe sich beliebig verlängern. Die Blütezeit kann neben den Rhododendron ein ausgesprochener Höhepunkt selbst kleinräumig angeordneter Fichtenpflanzungen sein.

Variante Eine reizvolle Variante mit völlig anderen Stimmungswerten bei gleichen Zuordnungen entsteht, wenn statt der blauen und violetten *Rhododendron* die Farbpalette sich in Rot und Rosa verwandelt. Der verstorbene Züchter Fleischmann, Wiesmoor, hat mit den Diamant-Azaleen ein wertvolles Pflanzenmaterial geschaffen, mit dem herrliche, breite Teppiche mit leuchtend roten und rosa Farbtönen gebildet werden kön-

70

nen. Dies Kleinrhododendron wird nur fußhoch und wächst
in die Breite. Es wird darum nicht einzeln, sondern flächig
gepflanzt, um die Wirkung dieser überreich blühenden Pflanzen voll auszuschöpfen. Auch hier müssen die Proportionen
der Farben abgestimmt werden. Entweder überwiegt das Rot,
dann wird Rosa sparsam zugeordnet oder umgekehrt. Gleich-
wertige Mischung ist wirkungslos. Truppweise werden einige
Kurume-Hybriden wie 'Hinomayo', rosa, und 'Hinodegiri',
leuchtend rot, eingesprengt. Da sie fast 1 m hoch werden,
bewirken sie plastische Höhendifferenzierung. *Rhododendron
mucronatum* 'Alba' *(Azalea ledifolia),* die Brusthöhe erreichen,
werden einzeln als Lichter in das farbige Bild eingefügt.

VEGETATIONSBILD 10

Scheinzypressen – Thuja, Buchsbaum und bunte Stauden

Chamaecyparis nootkatensis
  'Glauca'
– *lawsoniana* 'Lane'
– *pisifera* 'Filifera'
Thuja plicata 'Excelsa'
– *occidentalis* 'Ellwangeriana'
  Rheingold'
Buxus sempervirens var.
  sempervirens (var. *arborescens*)
– – 'Handsworthiensis'
Chaenomeles-Hybride
  'Andenken an Carl Ramcke'
– 'Elly Mossel'
Corylopsis pauciflora
Chamaecyparis nootkatensis
  'Pendula'
Mahonia japonica
Chamaecyparis pisifera
  'Plumosa Aurea'
– *obtusa* 'Nana Gracilis'

Arabis procurrens
Tiarella cordifolia
Vinca minor
Luzula sylvatica
Leucojum aestivum
Aster-Dumosus-Hybride
  'Prof. Anton Kippenberg'
Brunnera macrophylla
Euphorbia epithymoides
  (*E. polychroma*)
Campanula persicifolia
  'Grandiflora Coerulea'
– – 'Grandiflora Alba'
Rudbeckia fulgida var.
  sullivantii 'Goldsturm'
Aster amellus 'Sternkugel'
– – 'Rudolf Goethe'
– – 'Lady Hindlip'
Chrysanthemum-Koreanum-
  Hybride

1 *Chamaecyparis nootkatensis* 'Glauca'
2 *Chamaecyparis lawsoniana* 'Lane'
3 *Chamaecyparis pisifera* 'Filifera'
4 *Thuja plicata* 'Excelsa'
5 *Chamaecyparis nootkatensis* 'Pendula'
6 *Chamaecyparis obtusa* 'Nana Gracilis'
7 *Chaenomeles*-Hybride 'Andenken an Carl Ramcke'
8 *Mahonia japonica*
9 *Arabis procurrens*
10 *Brunnera macrophylla*

Es gibt Gartensituationen innerhalb geschlossener Ortschaften, die aus Sicht- und Schutzgründen eine sommer- und wintergrüne Abpflanzung erfordern. Die meisten der zur Verfügung stehenden immergrünen Arten versagen unter den Daseinsbedingungen der Großstadt. Hier, und nur hier in diesem Stadtklima, ist das Reich der Scheinzypresse *(Chamaecyparis),* des Lebensbaumes *(Thuja)* und des Buchsbaumes *(Buxus).*

Mit einer Summe von Vorurteilen sind sie belastet, und oft werden sie als gartenunwürdig abgelehnt. Warum eigentlich? Man spricht von Friedhofspflanzen. Man sollte aber zugeben, daß sie auf dem Friedhof nur deshalb so häufig gepflanzt werden, weil sie sich unter schwierigsten Bedingungen über lange Zeit bewährt haben. Ohne Zweifel können sie mit ihrer südlichen Note ein nördliches Landschaftsbild empfindlich stören. Unter diesen Umständen wird sie wohl niemand verwenden.

Die Fülle der Formenvariationen, die von hohen Pyramiden über malerische Hängebäume bis zum Zwergenwuchs reicht, bietet viel Gestaltungsmöglichkeit mit ausgesprochen plastischer Wirkung. Alle Arten stellen ganz geringe Pflegeansprüche. Ihr endgültiges Wachstumsvolumen und ihre Wirkung lassen sich genau vorausbestimmen. Das ist besonders für kleinere Gärten von Bedeutung, die häufig nach einigen Jahren durch falsch gewählte Maßstäbe der Gehölze erdrückt werden.

Gartenräume, von hohen Mauern und Gebäuden umschlossen, zwischen denen die Sonne brütet, sind eine geeignete Bühne für die optimale Entfaltung der Wirkungsmöglichkeit dieser Gestalten mit eindeutiger Aussage. Je eindeutiger aber die Wirkung einer Pflanze ist, um so wichtiger wird die sorgfältige Abstimmung der Massen und Gewichte, der Schwerpunkte und Abstände und der Transparenz der Freiflächen unter Berücksichtigung der Entwicklungstendenzen der Einzelerscheinungen.

Die Alaska- oder Nutka-Scheinzypresse *(Chamaecyparis nootkatensis* 'Glauca') baut steile, dekorative Kegel mit leicht überhängender, blaugrüner Benadelung. Ihre Wirkung ist fast feierlich monumental. In Dreiergruppen und einzeln rhythmisch verteilt, bilden sie das Gerüst der Pflanzung. Sparsam eingestreut, wirken die mit goldgelben Nadeln besetzten Lawson-Scheinzypressen *(Ch. lawsoniana* 'Lane') als schöner Kontrast zum Blaugrün der Alaskazypressen. Malerisch aufgelöst werden die aufstrebenden Kegelformen durch eine Vorpflanzung von Fadenscheinzypressen *(Ch. pisifera* 'Filifera'), deren nach allen Seiten leicht überhängende, fadenförmige Zweigspitzen eine Gegenbewegung andeuten. Sie stehen in kleineren, von der Hauptpflanzung gelösten Gruppen. *Thuja plicata* 'Excelsa' ist ein rasch wachsender Lebensbaum, der sich besonders zur Abschirmung hoher Gebäude eignet. Davor wächst eine kleine Gruppe niedrig bleibender *Th. occidentalis* 'Ellwangeriana Rheingold' mit moosartig gekräuselten, gelben Zweigen.

Im Schattendruck der hohen Scheinzypressen und der Nordseite der Mauern gedeiht der Buchsbaum *(Buxus sempervirens* var. *sempervirens* und *B. sempervirens* 'Handsworthiensis'). *Buxus* ist eigentlich nur noch als Einfassungspflanze auf Friedhöfen bekannt. Wer aber einmal hohe, ganz locker wachsende Büsche dieser Formen unter ungünstigen Bedingungen – in Industriegebieten im dumpfen Schatten von Bäumen und Mauern – in bester Verfassung gesehen hat, der wird überzeugt von ihrer erstaunlichen Lebenskraft. Sie sind gute Partner der Pflanzung mit Scheinzypressen.

Chamaecyparis, Thuja und *Buxus* sind keine Blütenbäume, aber ein herrlicher Hintergrund für die formenreiche Gattung der Scheinquitte *(Chaenomeles)*. Alle ihre Gartenformen sind reichblühend und farbenprächtig. Einige Sorten remontieren während des ganzen Sommers. Die Palette reicht von Zinnoberrot über Rosa bis zum Scharlachrot. Um farbliche Dissonanzen zu vermeiden, muß die Entscheidung entweder für warmes oder kaltes Rot getroffen werden, wenn sie im gleichen Blickwinkel gepflanzt werden. Schön ist 'Andenken an Carl Ramcke', wenn deren leuchtend zinnoberrote Blüten über dem wintergrünen Schaumweiß blühender Teppiche der *Arabis procurrens* (Gänsekresse) leuchten. 'Elly Mossel' ist dunkelrot und remontiert im Sommer; ihre Blütenwirkung wird gesteigert, wenn sie mit einigen Trupps der Scheinhasel *(Corylopsis pauciflora)* benachbart wird, die vor dem Laubaustrieb mit primelgelben Blütentrauben besetzt ist. Ein lindgrüner Untergrund der kremweiß blühenden Schaumblüte *(Tiarella cordifolia)* kontrastiert schön mit den himmelblauen Blüten des lackgrünen Immergrüns *(Vinca minor),* das bis in die

VEGETATIONSBILD 9

Farbbild 7. *Rhododendron* der Impeditum-Gruppe und *Rhododendron luteum (Azalea pontica)* sind gute Begleiter der *Picea omorika*. Hellorange blüht hier die Genter-Hybride 'Coccinea Speciosa', gelb 'Nancy Waterer'.

VEGETATIONSBILD 11

Farbbild 8. Wie eine Perlenkette hängen im Mai die weißen Blüten an *Polygonatum commutatum*. Im Herbst bilden sich daraus kugelrunde blaue Früchte, die bis zum Frost hängen bleiben.

76

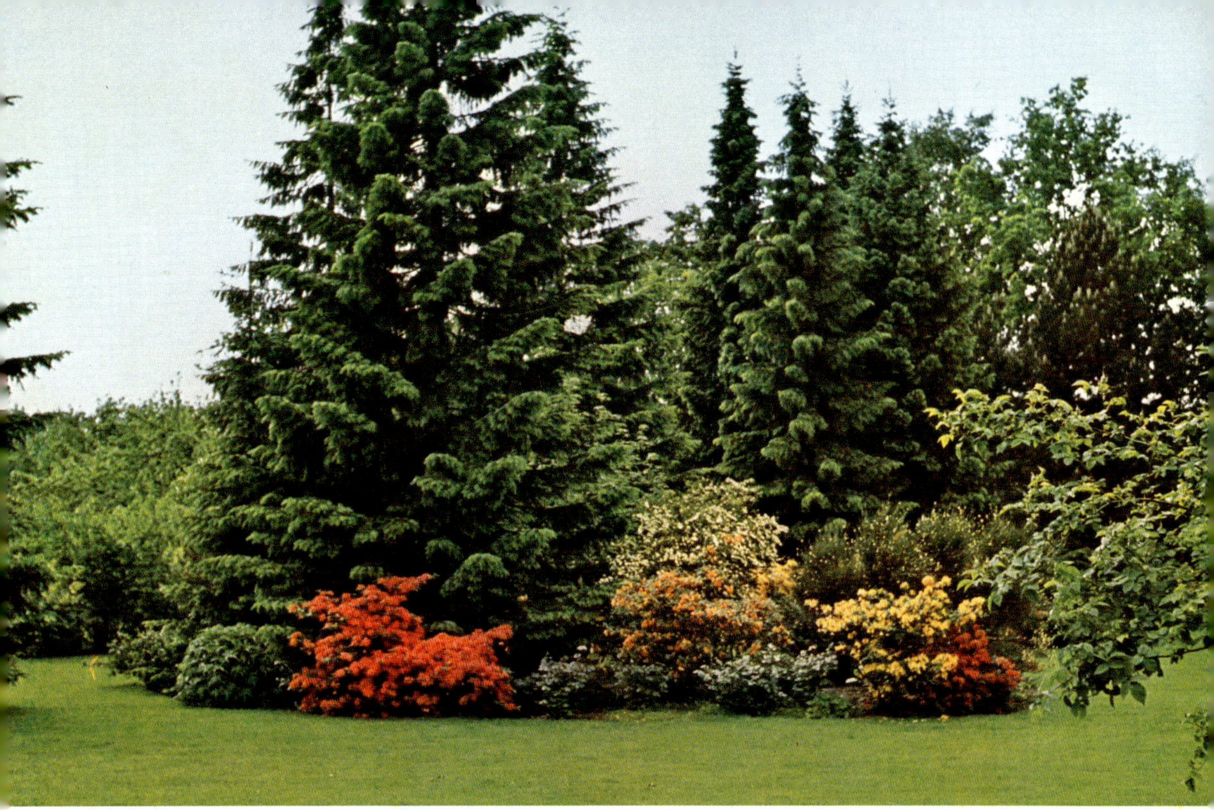

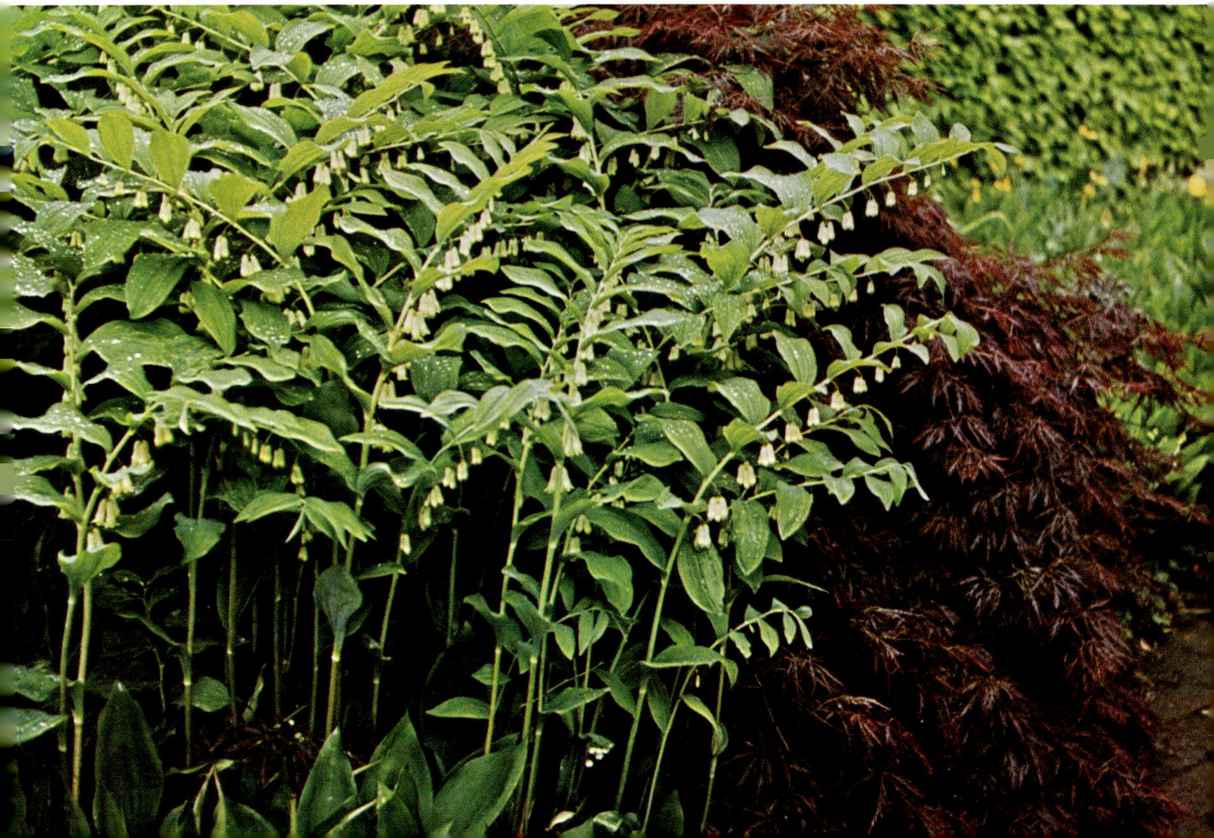

schattigen Partien der Zypressenpflanzung hineinrankt und durch Horste der Hainsimse *(Luzula sylvatica)* interpunktiert wird. Kniehoch ragen die weißen Märzbecherblüten *(Leucojum aestivum)* zwischen den feuerroten Quittenblüten.

An der Hausterrasse steht völlig frei im Rasen ein Einzelexemplar der Hänge-Nutkazypresse *(Chamaecyparis nootkatensis* 'Pendula'). Mit dem erregenden Bewegungsspiel der in malerischer Schlaffheit herunterhängenden Zweigspitzen ist sie eine ausgesprochene Gartenplastik. Ihre Schatten werden aufgefangen von der wintergrünen *Mahonia japonica.* Aus dunkelgrünem, ledrigem Laub treiben schon im Februar die hellgelben, langen Blütentrauben. Blaubereifte Fruchtgehänge schmücken diesen dekorativen Halbschattenstrauch

VEGETATIONSBILD 12

Farbbild 9. *Iris germanica* 'Polar Cape' öffnet blaßporzellanblau ihre Blütenkrone. In der Vollblüte ist sie schneeweiß. Sie gehört zu den standfesten, reichblühenden und regensicheren Sorten.

VEGETATIONSBILD 13

Farbbild 10. *Aubrieta*-Teppiche sind prächtige Untergründe für rote Tulpen.
Farbbild 11. *Calamagrostis* × *acutiflora* 'Karl Foerster', violette *Salvia nemorosa* 'Ostfriesland' und flachsblaues *Linum perenne* im sommerlichen Zusammenspiel mit leuchtend gelber *Achillea filipendulina* 'Coronation Gold'.
Farbbild 12. Breite Bänder aus *Aster*-Alpinus-Hybriden beherrschen im Vorsommer die Blumensteppe. *Eremurus robustus* entwickelt daraus übermannshohe Lanzen.

während des ganzen Sommers. Ein breites Band von *Aster-Dumosus*-Hybriden 'Prof. Anton Kippenberg' bildet im Spätherbst einen hellvioletten Sockel um die freigestellte Gruppe. Während die Schattenseite des Gartenraumes von den Scheinquitten beherrscht ist, bietet die Sonnenseite in Anlehnung an das Haus andere Kombinationsmöglichkeiten mit Scheinzypressen. Hier geben in lockeren, buchtenreichen Trupps die Goldfederzypressen *(Chamaecyparis pisifera* 'Plumosa Aurea') bei mittleren Wuchshöhen einen goldgelben Hintergrund für die Wirkung der gedrungen wachsenden *Ch. obtusa* 'Nana Gracilis'. Diese kostbaren Gestalten, die mit ihren fächerförmig gedrehten Zweigen mit Licht und Schatten spielen, wachsen ganz langsam und entwickeln sich erst in Jahrzehnten bis zu Mannshöhe.

Das robuste Kaukasusvergißmeinnicht *(Brunnera macrophylla),* durchsetzt mit Horsten der Staudenwolfsmilch *(Euphorbia epithymoides = E. polychroma),* bildet bis in den Schatten hinein herrliche himmelblaue Untergründe für die Goldfederzypressen. Im Sommer folgen ihnen Scharen der Pfirsichblättrigen Glockenblume *(Campanula persicifolia* 'Grandiflora Coerulea' und 'Grandiflora Alba') und breite Bänder der lange blühenden *Rudbeckia fulgida* var. *sullivantii* 'Goldsturm' mit eingestreuten Sommerastern *(Aster amellus* 'Sternkugel', 'Rudolf Goethe' und 'Lady Hindlip').

In den späten Herbstmonaten leuchtet der ganze Zypressengarten noch einmal auf zu einem rauschenden Finale: großflächig gepflanzte Gruppen von *Chrysanthemum*-Koreanum-Hybriden leiten mit braunen, gelben und weißen Tönen den Ausklang ein. Es stehen viele gute und winterharte Sorten in den Gärtnereien zur Verfügung. Immer aber muß in einem überschaubaren Bereich eine Führungssorte festgelegt werden; ihr werden Ergänzungen in anderen Farbtönen proportional zugeordnet.

80

Wenn dann die ersten Winterfröste die letzte Glut auslöschen, bleibt die Freude am verhaltenen Farbspiel der vielgeschmähten Scheinzypresse, des Lebensbaumes und des Buchsbaumes, die besonders im Neuschnee bezaubernde Winterbilder entfalten.

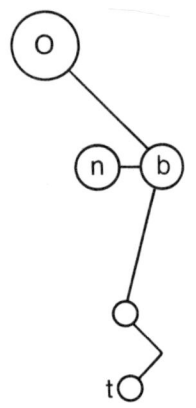

VEGETATIONSBILD 11

Robinien – Stechpalmen, Wildrosen und echter Jasmin

Robinia pseudoacacia
– × ambigua 'Decaisneana'
Gleditsia triacanthos
Sophora japonica
Robinia neo-mexicana
  (R. luxurians)
– hispida 'Macrophylla'
– kelseyi
Ilex pernyi
– verticillata
Rosa hugonis
– omeiensis f. *pteracantha*
– multibracteata
Jasminum nudiflorum

Polygonatum commutatum
Lilium martagon
Anemone sylvestris
Omphalodes cappadocica
Festuca amethystina
Fritillaria persica
Dictamnus albus var. *caucasicus*
*– – '*Albiflorus'
Festuca ovina oder
  Buglossoides (Lithospermum)
  purpureo-caeruleum
Crocus tomasinianus
– chrysanthus
Eranthis hyemalis
Muscari botryoides
Scilla mischtschenkoana
  (S. tubergeniana)

Zum Vegetationsbild 11
gehört das Farbbild 8
auf Seite 77

82

1 *Robinia neo-mexicana*
2 *Robinia kelseyi*
3 *Rosa hugonis*
4 *Ilex pernyi*
5 *Polygonatum commutatum*
6 *Lilium martagon*
7 *Dictamnus albus* var. *caucasicus*
8 *Buglossoides purpureo-caeruleum*

Es gibt trockene, windgeschützte, südlich geneigte Hanglagen mit voller Sonneneinstrahlung, mit denen nur wenige Arten Laubhölzer fertigwerden. Hier bietet die Gesellschaft der Robinien *(Robinia)* einen ausdrucksstarken Gestaltungsstoff zu eindeutiger Verwendung. Ihre Struktur, das fein ziselierte Laub, ihre Blütenwirkung und ihre charakteristische Wuchsform bestimmen die Bildatmosphäre. In einem lichten, transparenten Hain, bei lockerer Gruppierung der freistehenden Einzelexemplare, schaffen wir ein ihrem Wesen entsprechendes Vegetationsbild.

In der freien Landschaft und im großen Park mit gleichen Bedingungen können wir die bekannte Scheinakazie wählen, *Robinia pseudoacacia* mit weißen, honigduftenden, und *R.* × *ambigua* 'Decaisneana' mit rosafarbenen Blüten, und wir können ihnen einige Familienverwandte wie den Christusdorn *(Gleditsia triacanthos)* mit robinienähnlicher Belaubung und weißen Blütentrauben sowie den Japanischen Schnurbaum *(Sophora japonica)* zugesellen.

Sie alle aber werden Bäume, die bis 25 m Höhe bei entsprechender Kronenbreite erreichen; bei zwangsläufig enger Pflanzung in kleineren und mittleren Gärten vermögen sie ihre ausdrucksvolle Schönheit nicht zu entwickeln. Dort ist *Robinia neo-mexicana (R. luxurians)* am Platz. Sie ist ihrer großen Schwester in Erscheinung, Bedornung und Belaubung sehr ähnlich. Statt weißer Blüten entwickelt sie im Juni und auch später im August/September hängende rosa Blütentrauben. Da sie nur 10 m Höhe erreicht, paßt sie als Führungspflanze auch in kleinere Gärten.

Zuordnungen weiterer Gehölze stehen aus ihrer unmittelbaren Verwandschaft zur Verfügung. Kleine Gruppen der strauchartig wachsenden Rosenakazie, *Robinia hispida* 'Macrophylla', werden locker unter den Führungsbäumen verteilt – den deutschen Namen verdankt sie ihren purpurrosa Blüten-

84

trauben, die sich Ende Mai öffnen. Gleichfalls strauchartig wächst die zauberhaft rosalila blühende *R. kelseyi,* die mit dem gleichzeitigen Öffnen ihrer Blüten und purpurrotem Austrieb ihrer Belaubung eine ungewöhnliche Erscheinung dieser Gesellschaft ist. Die Wirkung dieses Vegetationsbildes ist so bestimmend, daß weitere Zuordnungen nur eine Nebenrolle spielen dürfen.

Dieser Gartenraum wird umschlossen von einer wintergrünen Heckenwand aus *Ilex pernyi,* einer Art der Stechpalme. Die Struktur ihrer viereckigen Blätter, die in Stachelspitzen auslaufen, der lockere Aufbau des ganzen Strauches macht ihn als raumschließende, undurchdringliche Einfriedung besonders wertvoll. Im Spätherbst leuchten seine Früchte aus der glänzendgrünen Belaubung. Einzeln werden dazu *I. verticillata* gesetzt. Sie sind von Oktober bis Januar mit unzähligen orangeroten Beeren besetzt. Im Herbst werfen sie leuchtend gelb bis rot verfärbtes Laub ab.

Der Robinienhain verträgt keine Nachbarn mit üppiger, großblättriger Belaubung. Alles muß feingliedrig und grazil sein, um seine Bildwirkung im gleichen Sinne zu ergänzen.

Unter den Strauchrosen gibt es einige, die durch ihren lockeren Aufbau, ihre Feinblättrigkeit und zurückhaltende Blütenfarbe dieser Forderung entsprechen. Schon im Mai entfaltet die Mairose *(Rosa hugonis)* ihre goldgelben Schalenblüten an elegant überhängendem Gezweig.

Sie wächst aus dem himmelblauen Teppich von *Omphalodes cappadocica* (Gedenkemein) heraus. Die Stacheldrahtrose *(Rosa omeiensis* f. *pteracantha)* hat farnartige Belaubung und etwas unscheinbare weiße Blüten, dafür aber große, rote, durchsichtige Stacheln, die bei durchscheinendem Sonnenlicht den Strauch aufglühen lassen. Sie machen ihn in dieser Atmosphäre zu einer bedeutsamen Erscheinung. Schön ist unter ihnen ein Sockel aus dem Regenbogenschwingel

(Festuca amethystina), aus dem gemeinsam mit den weißen Rosenblüten dunkelviolette Blütenstände der Persischen Kaiserkrone *(Fritillaria persica)* kniehoch herauswachsen.

Rein rosafarbene Blüten im Juli und feingefiedertes Laub zeigt *Rosa multibracteata;* der lockere, breitwachsende Busch ist im Herbst dicht besetzt mit großen, flaschenförmigen Hagebutten. Auch hier ist der Regenbogenschwingel ein brauchbarer Teppich. Der Brennende Busch, *Dictamnus albus* var. *caucasicus* mit rosafarbenen und *D. albus* 'Albiflorus' mit weißen Blüten, entwickelt seine Blütenstände truppweise in diesem Untergrund. An heißen, sonnigen Tagen entströmt ihnen betörender Duft, der, gemischt mit dem der Robinien, ein besonderes sommerliches Erlebnis ist.

Die Eigenart der Robinien, ihr Laub erst im späten Frühling zu entfalten, gibt frühblühenden Blumenzwiebeln ideale Daseinsbedingungen, weil sie die Frühjahrssonne auch unter den Baumkronen voll ausnutzen können.

Bereits im Februar/März strahlt der Robinienhain von großen Scharen der Sorten von *Crocus tomasinianus* und *C. chrysanthus.* Lichtgelben Inseln des Winterlings *(Eranthis hyemalis)* folgen Traubenhyazinthen *(Muscari botryoides)* und die himmelblaue *Scilla mischtschenkoana (S. tubergeniana).*

Einige Wochen dauert dieses Frühlingsfest. Am Hause und an einigen freistehenden Baumstämmen ranken die langen

VEGETATIONSBILD 14

Farbbild 13. *Larix kaempferi* sollte so viel Raum haben, daß sie ihre Äste auf die Unterpflanzung legen kann.

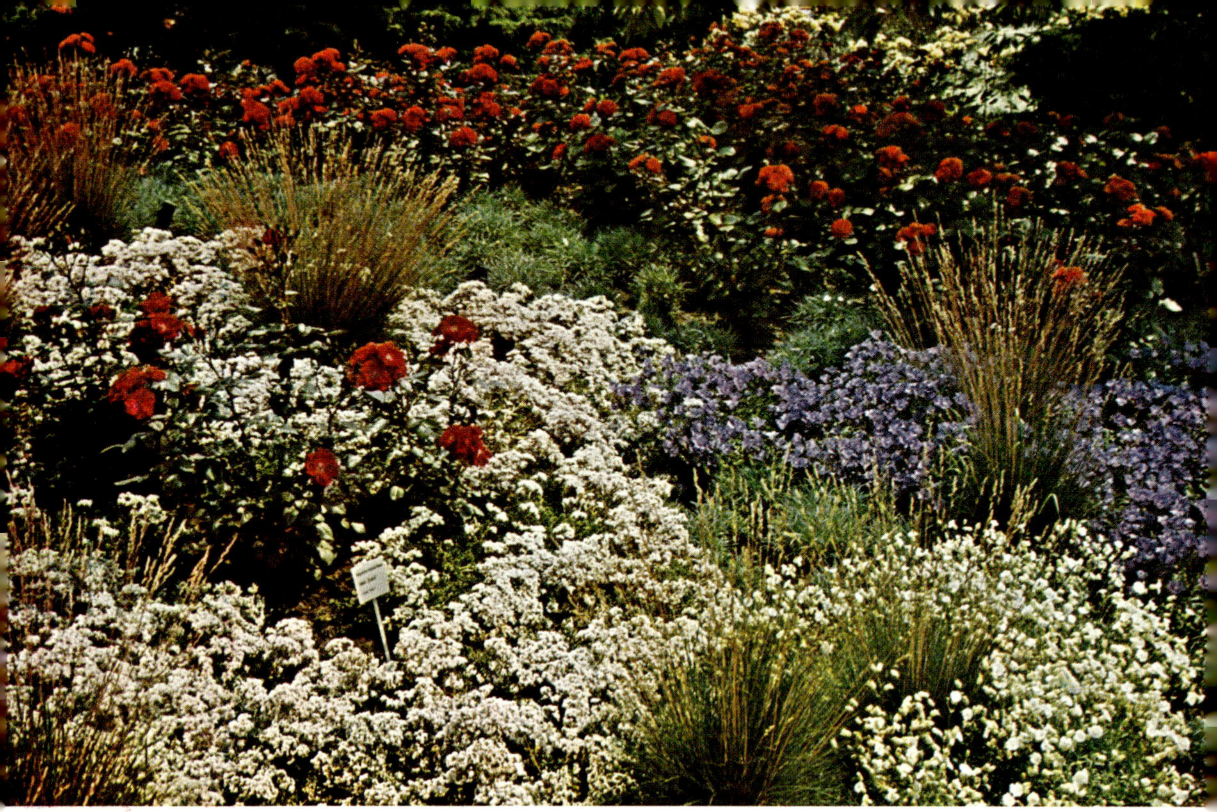

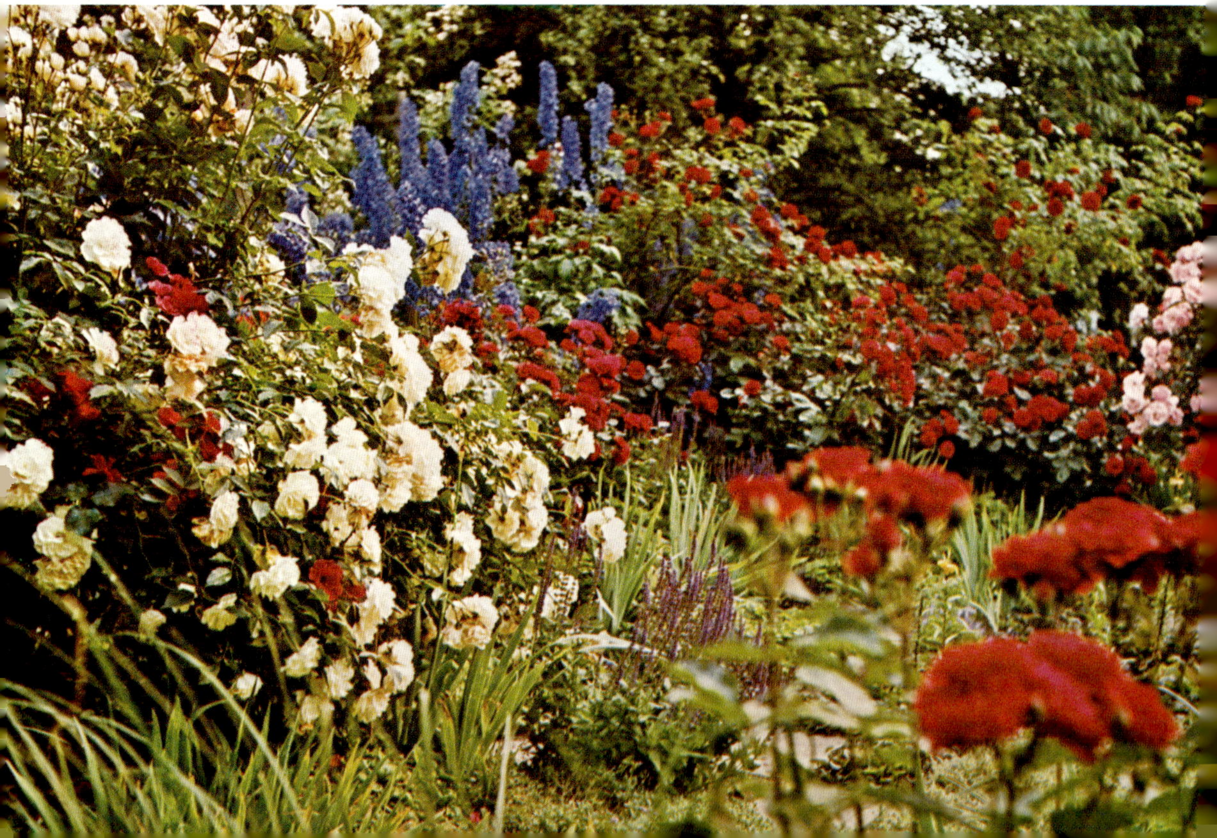

Loden des Winterjasmins *(Jasminum nudiflorum)*. Ihre lichtgelben Blüten öffnen sich schon im November. Später stimmen sie in das Konzert der frühen Zwiebelblumen ein. Starke
Frostzeiten können zwar einen Teil der offenen Blüten zerstören, aber immer wieder öffnen sich bei mildem Wetter
neue Knospen bis in den März hinein. Damit sie den ganzen
Gartenraum durchleuchten, müssen sie in großer Zahl auftreten.
Alle Freiflächen werden wiesenhaft mit Schafschwingel
(Festuca ovina) angesät oder erhalten einen Teppich aus dem
himmelblau blühenden Steinsamen *(Buglossoides purpureo-
caeruleum = Lithospermum p.-c.)*, der seine rankenden Triebe
breitflächig bis in den Schatten der Gehölze entwickelt.
Anemone sylvestris (Waldanemone) mit weißen Schalenblüten
und *Lilium martagon*, der rosafarbene Türkenbund, beleben
den stumpfgrünen Untergrund und werden ergänzt durch
einige eindrucksvolle Horste des Salomonsiegels *(Polygonatum commutatum)*.

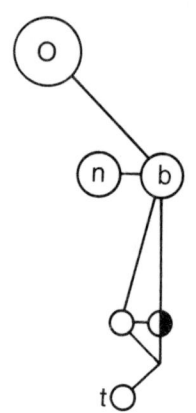

VEGETATIONSBILD 12

Goldregen und Glyzinen – Iris und Chrysanthemen

Laburnum × *watereri* 'Vossii'
Crataegus monogyna
Wisteria sinensis
Acer palmatum var. *palmatum*
  'Atropurpureum'
Azaleen-Genter-Hybride
  'Coccinea Speciosa'

Iris germanica
  (Barbata-Elatior-Gruppe)
  'Helen Traubel'
– – 'Isländer'
– – 'Allegiance'
– – 'Polar Cape'
Helianthemum-Hybriden
Chrysanthemum arcticum
Aster-Dumosus-Hybride
  'Silberblaukissen'
Chrysanthemum-Koreanum-
  Hybride 'Citrus'
– Indicum-Hybride
  'Goldmarianne'
– – 'Schwabenstolz'

Variante

Cotoneaster bullatus
– *divaricatus*
– *franchetii*
– *rotundifolius*

Aster novi-belgii 'Marie Ballard'
– – 'Eventide'
Miscanthus sacchariflorus
  'Robustus'

Zum Vegetationsbild 12
gehört das Farbbild 9
auf Seite 78

1 *Laburnum* × *watereri* 'Vossii'
2 *Wisteria sinensis*
3 Azaleen-Genter-Hybride 'Coccinea Speciosa'
4 *Crataegus monogyna*
5 *Iris germanica* (Barbata-Elatior-Gruppe)
6 *Helianthemum*-Hybriden

Standortgemäß wäre eine Kombination des Goldregens *(Laburnum)* mit der Blaufichte *(Picea pungens)* zwar denkbar. Der Goldregen aber ist eine ganz besondere Erscheinung und stellt seine eigenen Benachbarungsansprüche.

Wenn ein Gehölz etwa vier Jahrhunderte in den Gärten gepflanzt wird, so ist das kein Zufall. Um Pfingsten herum, also Ausgang Mai bis in den Juni hinein, ist der Goldregen ein unersetzlicher Höhepunkt des Gartens, wenn er standortgerecht verwendet und ihm die passenden Nachbarn zugeordnet werden. Es blüht zu einer Zeit, da die zarten Töne des Frühlings abgelöst werden von den satten Farben des Vorsommers. Das ist kein Aquarell mehr, das ist Ölmalerei, mit ganz sattem Pinsel aufgetragen. Und so muß der Goldregen auch gepflanzt werden. Er mag nicht irgendwo in einer Ecke trauern oder eingeklemmt zwischen anderen Gehölzgruppen sein Dasein fristen. Seine wahre Wirkung entwickelt er erst, wenn er zum bestimmenden Gartenthema wird.

Je nach Gartengröße sollen drei, zwanzig oder sogar fünfzig Büsche einen Hain bilden, der die Vorsommerzeit beherrscht. Die Büsche entwickeln sich nur zu mittlerer Höhe, geben keinen schweren Schatten und werden von Jahr zu Jahr schöner mit dem Behang goldener Blütentrauben; bei *Laburnum* × *watereri* 'Vossii' werden sie 40-50 cm lang.

Im Garten sollten keine „aufgeschnittenen" Hochstämme gepflanzt werden, sondern mehrstämmige, bis zum Boden beastete Büsche mit fünf bis sieben Grundtrieben. Erst die Verwendung solcher Pflanzen ergibt die gewünschte hainartige Wirkung.

Wer, im Gartenstuhl liegend, durch die goldenen Blütentrauben hindurch in den blauen Himmel blinzelt, erhascht einen kleinen Zipfel des Paradieses. Dieses eindeutige Erlebnis des Vorsommers ist schon einen Garten wert. Aber auch dann, wenn in diesem Garten aus Raumgründen nur wenige Exem-

plare Platz finden, ist der Goldregen ein lohnendes Hauptthema.

Der Gartenraum wird gegen die Außenwelt durch einen knick-
artigen, grünen Wall aus gewöhnlichem Weißdorn *(Crataegus
monogyna)* abgeschlossen. Weißdorn ist anspruchslos, treibt
seine leuchtend hellgrünen Blätter ganz früh aus, und die
stark duftenden, weißen Blütenbüsche bilden eine prächtige
Resonanz zu dem Goldgelb des Goldregens. Ihre Blütezeit
fällt zusammen. Im Herbst freuen wir uns – und später die
Vögel – über den reichen Beerenbehang und die schöne
Herbstlaubfärbung.

Besonders wirkungsvoll für die Pflanzung des Goldregens ist
ein ansteigendes Gelände mit voller Sonneneinstrahlung. In
entsprechenden Abständen sind kleine Terrassenplätze mit
niederen Stützmauern aus weißem Kalksandstein übereinan-
dergestaffelt in den Hang eingeschnitten; ein schmaler Trep-
penlauf verbindet sie miteinander. Auch der Bodenbelag der
Sitzplätze sollte hell sein. Ihrer Beschattung dienen Stahlrohr-
pergolen mit Holzsprossen, überrankt von Glyzinen *(Wisteria
sinensis)*. Ihre 30 cm langen Blütentrauben ergeben ein fas-
zinierendes Wechselspiel in Blaßviolett zu den goldgelben
Trauben des Goldregens. Beide sind Schmetterlingsblütler
und einander ähnlich in Laubform und Blütenstand. Sie sind
ausgesprochen harmonische Partner. In ihrer Nachbarschaft
ergibt ein vordergründig gestellter, dunkelblutroter Japanahorn *(Acer palmatum* var. *palmatum* 'Atropurpureum')* einen
wirkungsvollen Kontrast.

Vor der Weißdornwand stehen einige Trupps der Azaleen-
Genter-Hybride 'Coccinea Speciosa' mit ihren lachsorange
Blütenbüscheln.

Wohl kaum eine andere Pflanzengemeinschaft ergibt einen
geeigneteren Hintergrund für die modernen Züchtungen der
Schwertlilien *(Iris germanica,* Barbata-Elatior-Gruppe). Hell-

93

blau, mittel- und dunkelblau, violett und weiß müssen die auf den Goldregen abgestimmten Führungsfarben sein. In breiten, buchtenreichen Bändern umpflanzen wir die Goldregenbüsche mit Sorten wie der großblumigen 'Helen Traubel', setzen das dunkle Blau der 'Isländer' dazu und machen das Blau leuchtend durch truppweise Einsprengung violetter 'Allegiance', getupft mit weißen 'Polar Cape'.

Das fast unübersehbare Sortiment macht zahllose Variationen über das Thema möglich.

Teppiche aus Sonnenröschen *(Helianthemum*-Hybriden), deren Farben auf die Iristöne abgestimmt sind, geben herrliche, lange blühende Untergründe. Später verabschiedet sich der Sommer mit einer Überfülle schneeweißer Margeritenblüten des *Chrysanthemum arcticum* (Grönlandmargerite), durchsetzt mit silberblauen Tuffs der *Aster*-Dumosus-Hybride 'Silberblaukissen' und bekrönt von Büscheln der einfachen *Chrysanthemum*-Koreanum- und der -Indicum-Hybriden. Zitronengelb blüht 'Citrus', tiefgelb 'Goldmarianne' und dunkelbraunrot die Sorte 'Schwabenstolz'. Ihre Blütezeit reicht bis zu den ersten Frösten.

Variante Die Nachbarschaft einiger Trupps von *Aster novi-belgii,* wie der lichtblauen 'Marie Ballard' und der großblumigen, tiefblauen 'Eventide', steigert die goldenen und braunen Töne der Chrysanthemen zu bildhafter Wirkung, die noch besonders unterstrichen wird, wenn sie mit Horsten des Silberfahnenschilfs *(Miscanthus sacchariflorus* 'Robustus') zusammenklingen. Dieses etwas wuchernde Gras läßt sich leicht bändigen. Aus herbstlich goldroten Halmen steigen hohe, silberweiße, seidige Blütenstände. Dieses späte Fest hält bis zu den ersten harten Frösten an.

Volle Wirkung aber strahlt diese Kombination aus, wenn sie von Gehölzen mit leuchtender Laubfärbung und auffallendem Fruchtbehang unterstrichen wird. Standortgerecht eignen sich zum Vegetationsbild des Goldregens außer dem schon genannten leuchtend roten Japanahorn einige sommergrüne Zwergmispeln *(Cotoneaster)*. Sie werden buchtenreich so gepflanzt, daß Chrysanthemum-, Astern- und Gräserpflanzung von ihnen umfaßt werden.

Cotoneaster bullatus mit lockerem, breitem Wuchs entwickelt im September lebhaft rote Früchte, die aus dem sich rot verfärbenden Laub herausleuchten. *C. divaricatus* zeigt korallenrote Beeren und orangefarbenes Laub. Ein buntes, herbstliches Spiel der Farben Gelb, Orange und Rot mit lange am Strauch haftenden orangescharlach Früchten treibt *C. franchetii*. Glühend rotorange werden die Blätter, und zahllose korallenrote Beeren zaubert der nur 2 m hohe, aber breit wachsende *C. rotundifolius* vom September bis weit in den Oktober hinein. Alle Arten können nebeneinander auftreten, müssen aber jeweils in mehreren Exemplaren gepflanzt werden. Im kleinen Garten erfüllt schon eine Art die Aufgabe, ihn im Herbst noch einmal in Farben aufglühen zu lassen.

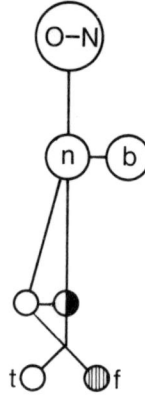

VEGETATIONSBILD 13

Eichen und Vogelbeeren mit Feuerdorn und Wildrose

Quercus robur (Q. pedunculata)
– petraea
– cerris
– frainetto (Q. conferta)
– × turneri 'Pseudoturneri'
Sorbus decora
Nothofagus antarctica
Pyracantha coccinea 'Praecox'
Rosa pimpinellifolia
  'Frühlingsgold'
– – 'Maigold'
– – 'Maiwunder'
Rosa-Moyesii-Hybride
  'Marguerite Hilling'
– – 'Nevada'
Budleja davidii 'Empire Blue'
– – 'Purple Prince'
– – 'Cardinal'

Molinia arundinacea
  (M. altissima)
Aster novae-angliae
  'Barrs Blue'
Eryngium alpinum
Calamagrostis × acutiflora
  'Karl Foerster'
Salvia nemorosa 'Ostfriesland'
Achillea filipendulina
  'Coronation Gold'
Festuca mairei
Scutellaria baicalensis
Inula ensifolia
Aster-Alpinus-Hybriden
Aubrieta-Hybride 'Neuling'
Veronica teucrium 'Knallblau'
Silene maritima 'Weißkehlchen'
Geranium dalmaticum
Sedum reflexum 'Elegant'
– sexangulare
– album 'Murale'
– spathulifolium 'Capa Blanca'
Eriophyllum lanatum
  (E. caespitosum)
Tulipa whittalli
Eremurus × isabellinus

Zum Vegetationsbild 13
gehören die Farbbilder 10, 11 und 12
auf Seite 78

1 *Quercus* × *turneri* 'Pseudoturneri'
2 *Nothofagus antarctica*
3 *Sorbus decora*
4 Hecke aus *Pyracantha coccinea* 'Praecox'
5 *Rosa*-Moyesii-Hybride 'Marguerite Hilling'
6 *Achillea filipendulina* 'Coronation Gold'
7 *Eryngium alpinum*
8 *Salvia nemorosa* 'Ostfriesland'
9 *Aster*-Alpinus-Hybriden
10 *Calamagrostis* × *acutiflora* 'Karl Foerster'
11 *Sedum*-Teppich
12 *Eremurus* × *isabellinus*

Ein völlig anderes Vegetationsbild bei gleichen Standortbedingungen entsteht, wenn Eichen statt Robinien raumbestimmend werden. Auch hier ist die richtige Wahl der Arten von
Bedeutung, wenn es sich um kleinere Gartenräume handelt.
Unsere heimischen Arten wie Stieleiche *(Quercus robur =
Q. pedunculata)* und Traubeneiche *(Q. petraea)* sind genau
wie die südeuropäischen Zerreichen *(Q. cerris)* und die Un-
garische Eiche *(Q. frainetto = Q. conferta)* Großbäume, die nur
in freier Landschaft oder in ausgedehnten Grünflächen ihre
imposanten Baumgestalten entwickeln können.
Nur wenige Arten sind für kleinere Räume geeignet, so z.B.
Quercus × turneri 'Pseudoturneri', die ihr Laub während des
ganzen Winters behält und darum „Immergrüne Eiche" heißt.
Sie erreicht selbst im Alter nicht mehr als 10 m Höhe. Eine
überzeugende Aussage der gegebenen Standortbedingungen
entsteht, wenn diese Eiche herausgestellt wird als Führungspflanze, begleitet von einigen mehrstämmigen Vogelbeeren
(Sorbus decora) mit langen gefiederten Blättern, großen weißen
Blütenständen und später leuchtend roten Früchten, neben
ein paar sparsam zugeordneten Scheinbuchen *(Nothofagus
antarctica)* mit bizarrem Kronenaufbau. Den Raumschluß
bildet eine heckenartige Pflanzung aus Feuerdorn *(Pyracantha
coccinea* 'Praecox'). Fast wintergrüne Belaubung, reiche Blüte
und, vor allem, der leuchtend rote Beerenbehang sind ein
bedeutsamer Faktor dieses Vegetationsbildes. Zur Auflösung
werden einige Exemplare frei in den Raum gestellt.
Ganz starke Blütenwirkungen entwickeln dazu Formen der
Strauchrosen aus dem Stamm der *Rosa pimpinellifolia (R.
spinosissima)*. Alle werden breit aufrecht wachsende Büsche
von 2 m Höhe, die im Mai blühen.
Einfache goldgelbe, duftende Schalenblüten entwickelt die
Sorte 'Frühlingsgold'. Ihre Nachbarin ist die satt goldgelbe,
hochwachsende 'Maigold', deren Kupferschimmer das Gold-

gelb hell aufleuchten läßt. 'Maiwunder' blüht etwas später mit gleicher Farbe und gefüllten Blüten. Die goldenen Blütenschalen pendeln über einem breiten Teppich des lichtlavendelfarbenen Blaukissen *(Aubrieta*-Hybride 'Neuling'). Auch kleine Trupps der Wildtulpe *(Tulipa whittalli)* ziehen den Blick auf sich. Vor einer dunkelgrünen Eichengruppe leuchten die karminrosafarbenen Schalenblüten der *Rosa*-Moyesii-Hybride 'Marguerite Hilling'. Die Hauptblüte erscheint Mitte Juni, aber während des ganzen Sommers ist ihre Nachblüte gartenwirksam. Sie ist ein Sport der Moyesii-Hybride 'Nevada', welche die gleiche Melodie in Schneeweiß spielt. Wenn sie sparsam zugeordnet und bildhaft dadurch gesteigert werden, daß sie aus einem farbigen Teppich von Ehrenpreis *(Veronica teucrium* 'Knallblau'), durchsetzt mit weißem Leimkraut *(Silene maritima* 'Weißkehlchen') und *Geranium dalmaticum,* herauswachsen, dann entsteht ein Gartenbild mit lange anhaltender Wirkung, das auch im kleinen Garten ein überraschendes Motiv sein kann.

Die Flächen des Gartens überzieht ein in den Mengenproportionen und ihrer Struktur sorgfältig abgestimmter Teppich der Fetthenne *(Sedum):* Hechtgraue Bänder mit gelben Blüten bildet *S. reflexum* 'Elegant' zwischen Flächen des *S. sexangulare,* das als dichter Rasen mit hellgelben Blüten wächst; braunrote Flecken mit rosafarbenen Blüten des *S. album* 'Murale' stehen kontrastierend, großflächig zu den anderen *Sedum*-Arten. Einige Trupps von *S. spathulifolium* 'Capa Blanca' lassen auf dem braunen Grund ihre silberweiß bemehlten Blattrosetten blitzen. Dazwischen wachsen große Inseln der wochenlang blühenden Wüstengoldaster *(Eriophyllum lanatum = E. caespitosum)* mit goldgelben Margeritenblumen mit Trupps von *Aster*-Alpinus-Hybriden mit violetten Strahlenblüten sowie einigen Gruppen des kleinen gelben Alants *(Inula ensifolia),* durchsetzt mit blauem Helmkraut *(Scutellaria*

baicalensis). Dazwischen stehen graugrüne Büsche des Atlas-
schwingels *(Festuca mairei).* Aus den Horsten der Alpenastern
ragen die rahmweißen Lanzen der Steppenkerze *(Eremurus ×*
isabellinus).

Wenn die Blüte des *Sedum*-Teppichs ausklingt, schweben über
ihm scharenweise die behäbigen Blütenteller der Goldgarbe
(Achillea filipendulina'Coronation Gold'), durchwirkt mit violetter Salbei *(Salvia nemorosa* 'Ostfriesland'), den bizarren
Blütenständen des Alpenmannstreu *(Eryngium alpinum)* und
den dekorativen Grashalmen des Gartensandrohrs *(Calama-*
grostis × acutiflora 'Karl Foerster').

Diese farbige Palette wird überschirmt von dem um diese Zeit
reich blühenden Sommerflieder *(Buddleja davidii).* Dieser im
Habitus ausgesprochen elegant wirkende, sommergrüne
Strauch entwickelt überhängende Zweige, die an der Spitze
und an kurzen Seitenästen zahlreiche, bei manchen Sorten
bis über einen halben Meter lange Rispen mit dicht aneinander
sitzenden Röhrenblüten entwickelt.

Über den breitflächig gepflanzten Goldgarben mit ihren dotter-
gelben Blütentellern leuchten sie in sattem Ultramarinblau,
wenn die Sorte 'Empire Blue' verwandt wird. 'Purple Prince'
steigt aus dem Sockel der Salvien und sprüht deren Farbe
durch dunkelviolette, besonders eindrucksvolle Rispen in den
Raum. Zwischen der Gruppe des stahlblau blühenden Alpenmannstreu und dem Gartensandrohr wirkt die Sorte 'Cardinal'
mit besonders langen, tiefpurpurroten Rispen wie ein Bild des
hohen Sommers. Ein Erlebnis, das lange nachklingt und im
Gartenraum bleibt, selbst wenn der Frost die ganze Pracht
ausgelöscht hat.

Alle Buddleien verströmen im Sonnenschein große Mengen
ätherisches Öl, dessen starker, angenehmer Duft alle Falter
im weiten Umkreis wie ein Magnet anzieht. Ihr Flug, ein
ständiges Hin und Her voll Leichtigkeit und Farbe, ist ein

wesentlicher Beitrag zu diesem sommerlichen Gartenbild. Geht der Sommer zu Ende, so leuchten vor den roten Beerengehängen des Feuerdorns die Rauhblattastern *(Aster novaeangliae* 'Barrs Blue') mit tiefblauen Blütenmassen aus den eleganten bräunlichen Halmen des Pfeifengrases *(Molinia arundinacea = M. altissima)*. Der Frost läßt die Wirkung dieser Blumensteppe ausklingen, aber viele dekorative Fruchtstände geben noch im Rauhreif schöne Gartenbilder.

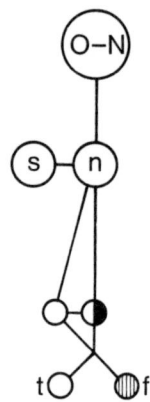

VEGETATIONSBILD 14

Lärchen und Zaubernuß – Japanazaleen und Waldmeister

Larix decidua
– kaempferi (L. leptolepis)
Pseudolarix amabilis
Hamamelis japonica
– – var. zuccariniana
– mollis
Rhododendron × praecox
– yunnanense
– vaseyi
Japanische Azaleen (Gruppe
   der Vuykiana-, Arendsii-,
   Kurume-, Amoena- und
   Mucronatum-Hybriden)
Euonymus alatus

Corydalis cava
– solida
Anemone nemorosa
Tiarella cordifolia
Primula denticulata
Deschampsia cespitosa
Galium (Asperula) odoratum
Aquilegia chrysantha
– caerulea
Dryopteris borreri
– goldiana
Onoclea sensibilis
Polypodium vulgare
Campanula persicifolia
   'Grandiflora Coerulea'
– – 'Grandiflora Alba'
Astilbe thunbergii
   'Van der Wielen'
Cimicifuga dahurica
– cordifolia
– simplex 'Armleuchter'
Aconitum × arendsii
Scilla hispanica (S. campanulata)
   'Blue Ribbon'
– – 'Excelsior'

Zum Vegetationsbild 14
gehört das Farbbild 13
auf Seite 87

1 *Larix kaempferi*
2 *Rhododendron vaseyi*
3 Japanische Azaleen
4 *Dryopteris goldiana*
5 *Deschampsia cespitosa*
6 *Galium odoratum*

Lärchen gehören zu den Großbäumen und brauchen Raum, luftigen freien Raum zur vollkommenen Entwicklung. Ihre Erscheinung ist aber so zauberhaft, daß sie auch in mittleren Gärten ein Thema sein sollten, selbst dann, wenn sie nur in wenigen Exemplaren gepflanzt werden können.

Eine Lärchenpflanzung muß wie Aquarellmalerei sein: transparent, luftig und schwerelos – glitzerndes smaragdgrünes Licht im Frühling, schwefelgelb im Herbst. Im Winter hat die Europäische Lärche *(Larix decidua)* grüngelbes Gezweig, glänzend kupferbraunes die Japanische Lärche *(L. kaempferi = L. leptolepis).*

Wechselndes Unterholz und eine vielfältige Bodendecke ermöglichen zahlreiche Variationen.

Ein reizvoller Begleiter in gleicher Tonart ist *Pseudolarix amabilis* (Chinesische Goldlärche) mit breit-pyramidaler Krone, grüngoldenem Austrieb und goldgelber Herbstfärbung.

VEGETATIONSBILD 17

Farbbild 16. *Prunus* 'Accolade' ist mit ihren Blütenwolken schon im April ein Märchentraum. Bereits die junge Pflanze blüht übervoll.

Farbbild 17. Die bezaubernde Architektur der Lilie 'Troika' wird vor dem dunklen *Taxus*-Grund besonders sichtbar.

VEGETATIONSBILD 19

Farbbild 18. *Hemerocallis* 'Cartwheels' ist eine Taglilie mit großen, ausdrucksvollen Blütenkelchen und viel Substanz. Den Hintergrund bildet *Sinarundinaria murielae.*

Farbbild 19. Man traut den kostbaren Blütenkelchen der Lilie 'American Eagle' gar nicht zu, daß sie so leicht und willig wächst – wenn ihr Standort liliengemäß vorbereitet wird.

Ein ganz lichter Lärchenhain, in dem die Einzelbäume so weit auseinander stehen, daß ihre Zweige sich auf den Boden legen können, ist eine Traumlandschaft. Die Lärche ist duldsam gegen Unterwuchs, sie ist lichtdurchlässig, bildet milden Humus, da in jedem Herbst der Nadelfall den Boden überdeckt und ideale Voraussetzungen für das Gedeihen vieler Sträucher und Kräuter schafft.

Bei der Auswahl ihrer Nachbarn muß man immer an das Aquarell denken. Alles Schwere, Plumpe und Massive zerschlägt die von der Lärche geschaffene Atmosphäre.

Das Spiel ihrer Begleiter beginnt schon in den ersten Monaten des Jahres, wenn die Zaubernuß *Hamamelis japonica* ihre skurrilen, goldenen Blüten öffnet. Sehen sie nicht aus, als stammten sie aus Merlins unterirdischer Werkstatt? In der Blütezeit folgen *H. japonica* var. *zuccariniana* mit schwefelgelben Blüten und im Februar/März die Lichtmeßzaubernuß *(H. mollis).*

Die faszinierende Wirkung der Zaubernußblüte in den Lichtnischen des Lärchenhaines ist ein Erlebnis, das in jedem Spätwinter mit Spannung erwartet wird und den Frühling um einige Monate vorverlegt.

Die Lärche ist ein Frühgrüner. Wenn nach einem milden Frühjahrsregen ihre kugelrunden Knospenpakete platzen und ein zartgrüner Hauch um die grünen Kronen schwebt, öffnen

VEGETATIONSBILD 18

Farbbild 20. *Acer japonicum* 'Aconitifolium' und *Acer palmatum* erwecken fernöstliche Impressionen weltentrückter Gärten.

sich gleichzeitig purpurrote Blüten. Das sind Festtage für Lärchenfreunde. Zu gleicher Zeit erblüht im schattigen, humosen Grund der Lerchensporn *(Corydalis cava* und *C. solida)* mit rosaroten, zierlichen Rispen, im Verein mit dem Buschwindröschen *(Anemone nemorosa).* Sie sind leicht als Knollen im Garten anzusiedeln, und wenn sie sich wohl fühlen, sind sie Dauergäste des Gartens.

Große Flächen sind mit der Schaumblüte *(Tiarella cordifolia)* bepflanzt, die im Winter mit verhaltenen braungrünen Färbungen auf den Frühling gewartet hat. Und nun sprießen die lindgrünen Triebe aus zahllosen Endknospen und bilden einen weichen, geschlossenen Bodenüberzug. Im April/Mai steigen die schaumigweißen Blütenrispen aus dem grünen Grund. Sie sind der ruhige, leichte Gegenpol für das Farbenspiel der sommergrünen und halbimmergrünen Japanischen Azaleen, die alle zur Gattung *Rhododendron* gehören wie ihre großblättrigen Schwestern mit lackgrünem Laub und ornamentalem Wuchs.

Die Aquarelltöne ihrer Blüten und die viel zartere Erscheinung prädestinieren die Japanischen Azaleen zu Lärchenbegleitern. Schon im März säumt *Rhododendron* × *praecox* den Rand des Lärchenhaines mit lichtem Violett. Im April folgen die purpurrosa Blütenwolken des hochwachsenden *Rh. yunnanense,* denen einzelne *Rh. vaseyi* dazwischen rosaweiße Lichter aufsetzen. *Galium odoratum (Asperula odorata),* der Waldmeister, wirkt grüne, schwellende Teppiche darunter, die einen starken Cumarinduft im ganzen Raum verbreiten. Zahlreiche Ballprimeln *(Primula denticulata)* mit weißen und violetten Blütenbällen pendeln über dem lindgrünen *Tiarella-*Grund und unterstreichen die Farbe ihrer Strauchnachbarn; mit steigender Sonne folgt eine ganze Gruppe der Japanazaleen, die mit ihren Gartenkreuzungen eine reiche Palette von Weiß, Rosa, Violett und Purpur anbieten. Es ist die Gruppe

108

der Vuykiana-, Arendsii-, Kurume-, Amoena- und Mucronatum-Hybriden. Der Aquarellkasten reicht kaum aus, um alle Variationen dieses Farbthemas darzustellen. Aber man muß mit ganz breitem Pinsel malen. Der Lärchenhain muß in den Frühlingstagen des April/Mai von ihrem Zauber erfüllt sein. Auf das Erlebnis ihrer Blüte zu verzichten, etwa durch eine Reise, bedeutet ein ganzes Jahr Wartezeit, bis die nächste Vorstellung beginnt.

Nach der Azaleenblüte wird es stiller im Lärchenhain. Aber bald schon erscheint die Waldschmiele *(Deschampsia cespitosa)*, die ihre zierlichen Blütenähren hüfthoch aufsteigen läßt und kompakte, überhängende Gräserbüschel bildet. Daraus blühen Akelei, goldgelb *Aquilegia chrysantha* und, aus einem schneeweiß blühenden Waldmeisterteppich, *A. coerulea* mit blauen Biedermeierblüten.

Faszinierend wirkt der weiße Teppich, wenn er mit Massen des Blausterns *(Scilla hispanica = S. campanulata* 'Blue Ribbon' oder 'Excelsior') bestickt wird. Dies unverwüstliche Zwiebelgewächs entwickelt fußhohe, mit tiefblauen Glocken besetzte Blütenstiele. In jedem Jahr werden die Horste durch Brutzwiebelbildung reicher und eindrucksvoller. Selbst dicht verwurzelte Überpflanzung behindert ihre Entwicklung nicht. Im Handel werden häufig Mischungen aus blauen, rosafarbenen und weißen Sorten angeboten. Zum Waldmeister sollten nur reine blaue Sorten gepflanzt werden. Mischungen wirken wie ein Bonbonglas.

Inzwischen haben zahlreiche Farne ihr eindrucksvolles Blattwerk aus dem humosen Boden herausgedreht.

Beim Austrieb ist der Schildfarn *(Dryopteris borreri)* mit goldfarbenen Schuppen besetzt. Seine Wedel werden 80 cm hoch. Fast mannshoch stelzen sich die zweifach gefiederten Wedel des Riesenwurmfarns *(D. goldiana)* zu phantastischen Gestalten auf. Breitflächig wächst der Perlfarn *(Onoclea sensibilis)*

mit dreieckig gefiederten Wedeln. Sein leichtes Umher-
wuchern ist im Lärchenhain eine erwünschte Beigabe. Um
den Wurzelhals der Baumstämme entwickelt der Tüpfelfarn
(Polypodium vulgare) niedriges, dunkelgrünes Farndickicht.
Im Sommer ist der Lärchenhain durchsetzt mit Glockenblumen; *Campanula persicifolia* 'Grandiflora Coerulea' läutet
mit blauen, 'Grandiflora Alba' mit weißen Glocken durch den
ganzen Raum. Sie müssen so zahlreich auftreten, daß ihre
Wirkung in dieser Zeit bestimmend ist. *Astilbe thunbergii*
'Van der Wielen' ergänzt das Sommerspiel mit hohen, weißen,
feingliedrigen Rispen.

Der Herbst steht im Zeichen der Silberkerzen *(Cimicifuga),*
die in Scharen vom Lärchenhain Besitz ergreifen. Ihre hoheits-
vollen weißen, kerzenartigen Blütenstände ragen übermanns-
hoch in die schwefelfarbig vergilbenden Lärchennadeln
hinein. Durch entsprechende Sortenwahl kann die Blüte lange
ausgedehnt werden. *Cimicifuga dahurica* blüht von Juli bis in
den August; *C. cordifolia* bildet lanzenförmige Kerzen bis
Oktober, ebenso die sehr wirkungsvolle *C. simplex* 'Armleuchter'. Das Weiß der Kerzenblüten wird strahlend, wenn es
gegen das Amethystblau des dazwischen (bis in den November
hinein) blühenden Eisenhuts *(Aconitum × arendsii)* steht und
im Hintergrund der Geflügelte Spindelstrauch *(Euonymus
alatus)* das Bild abschließt.

Ihn muß man einmal in seiner herbstlichen Pracht gesehen
haben, im schrägen Sonnenlicht und vor den schwefelgelb
gefärbten Lärchennadeln, dann erst weiß man, was „leuchtend
karminrot" ist. Der frischgrüne Austrieb, der mennigrote
Fruchtbehang und die mit breiten, flügelartigen Korkleisten
besetzten Zweige machen ihn in dieser Umgebung zu einer
erlesenen Kostbarkeit.

Selbst im Winter bietet der Lärchenhain ein Gartenerlebnis
von besonderem Reiz.

110

Die feine graphische Zeichnung der mit kleinen Zapfen besetzten gelben oder goldbraunen Lärchenzweige, die Ton-in-
Ton-Malerei vergilbender grauer, brauner oder fahler Untergründe der Schaumblüte, des Waldmeisters, und die malerische Silhouette winterlich verfärbter Farnkräuter bilden besonders im Rauhreif ein eindrucksvolles Winterbild, wenn
nicht aus falschem Ordnungssinn im Herbst alles Verblühte
und Verwelkte heruntergeschnitten wird.

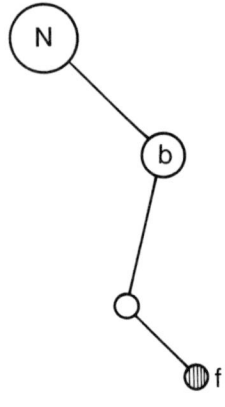

VEGETATIONSBILD 15

Zieräpfel und Edelflieder – Roseneibisch und Lupinen

Ligustrum vulgare 'Atrovirens'
Forsythia × *intermedia*
  'Lynwood'
– – 'Beatrix Farrand'
– – 'Spring Glory'
Prunus padus
Malus floribunda
– Hybride 'Hillieri'
– *sargentii*
Syringa-Vulgaris-Hybride
  'Madame Lemoine'
– – 'Andenken an
  Ludwig Späth'
– Preston-Hybride
– *reflexa*
– × *swegiflexa*
Hibiscus syriacus 'Totus Albus'
– – 'Rubis'
– – 'Coelestis'

Omphalodes verna
Euphorbia epithymoides
  (E. polychroma)
Chionodoxa luciliae
Dicentra eximia
Aquilegia caerulea
– – 'Haylodgensis'
Lupinus-Hybride 'Golden Queen'
– 'Countess of March'
– 'Black Knight'
Geranium platypetalum
Aruncus dioicus (A. sylvester)
Aster-Dumosus-Hybride
  'Prof. Anton Kippenberg'
– – 'Herbstgruß vom
  Bresserhof'
– – 'Schneezicklein'

1 *Malus*-Hybride 'Hillieri'
2 *Syringa*-Vulgaris-Hybriden
3 *Prunus padus*
4 *Hibiscus syriacus*
5 *Lupinus*-Hybriden
6 *Geranium platypetalum*
7 *Aster*-Dumosus-Hybriden

Die Mai/Juni-Wende ist so reich an pflanzlichen Möglichkeiten, daß sie nicht mit einem Thema erschöpft werden kann.
Es drängt sich geradezu auf, um diese Zeit vom Zierapfel
(Malus) und vom Flieder *(Syringa)* zu sprechen, genauer: vom
sogenannten Edelflieder *(Syringa vulgaris)* mit seinen Sorten.
Beide, Zierapfel und Flieder, sind einander gute Nachbarn,
und beide sieht man in vielen Gärten, wirklich überzeugend
dargestellt aber nur selten. Die Wirkung dieser ausnehmend
schönen Blütengehölze wird meistens in vielen Motiven
verwässert, oder sie wird aufgehoben, weil man *Malus* und
Syringa in Decksträucher hineingestopft oder durcheinander-
gemischt hat, anstatt die Gattungen in Gruppen zu benach-
barn; dabei muß eine der beiden auch in der Größe vor-
herrschen. Erst dann, wenn sie raumbestimmend auftreten
und zu Blütenwäldern zusammenwachsen, kann man ihren
Charme erfassen. Es sind Pflanzen für Menschen, die Freude
haben an reichblühenden Gartenbildern mit kräftigen Farb-
wirkungen.

Vorläufer zu diesem Hauptthema waren im April die Forsythien. Syringen und Forsythien gehören zur gleichen Familie,
den Ölbaumgewächsen *(Oleaceae)*. Sie ergänzen sich sowohl
in der Erscheinung als auch in der Blütezeit.

Mit dem dritten Ölbaumgewächs, der Rainweide *(Ligustrum),*
und hier besonders dem unverwüstlichen *Ligustrum vulgare*
'Atrovirens', bilden wir einen undurchdringlichen sommer-
und wintergrünen Raumschluß aus über mannshoch werden-
den Büschen, deren grünlichweiße Blüten und schwarzblaue
Beerentrauben in ihrer Schönheit immer verkannt werden.
Der dunkelgrüne Liguster-Hintergrund ergibt einen ausge-
zeichneten Kontrast zu allen in dieser Pflanzengesellschaft
genannten Gattungen und Arten.

Von den Sorten der *Forsythia × intermedia* wählen wir 'Beatrix
Farrand' mit sehr großen, dunkelgelben Blüten, 'Lynwood'

114

mit einer gedrängten Fülle leuchtend gelber Blüten sowie 'Spring Glory' mit elegantem, leicht überhängendem Wuchs. Wir pflanzen sie auf einem himmelblauen Untergrund des Gedenkemeins *(Omphalodes verna)*. Einige Exemplare der Kugelwolfsmilch *(Euphorbia epithymoides = E. polychroma)* in Lindgrün und Scharen von leuchtend blauem Schneestolz *(Chionodoxa luciliae)* ergeben ein prächtiges Frühlingsbild. Etliche größere Baumgestalten der Traubenkirsche *(Prunus padus)*, mit weißen, hängenden Trauben im April/Mai, beschirmen diese Frühlingsgruppe; ihre Blüte und der frischgrüne Austrieb vertragen sich gut mit den Forsythien.

Im Mai beginnt das Blütenfest der Zieräpfel *(Malus)*. Von rosenroten Wolken überschüttet sind dann die strauchigen bis baumartigen Gehölze, die, je nach Sorte, uns im Herbst auch noch einen herrlichen Fruchtbehang bescheren. Besonders der Wuchs von *Malus floribunda* und *Malus*-Hybride 'Hillieri' (in Rosa) sowie *M. sargentii* (in Weiß) ist naturhaft, locker und malerisch; ihr Anblick erinnert nicht an Obstbäume.

Dicentra eximia, das kriechende Tränende Herz, bildet auch noch in den tieferen Schattenpartien dichte Bestände mit hell weinroten Herzblüten und zierlich gefiedertem Laub; die Blüte remontiert mehrere Wochen. Über dem bläulichgrünen Untergrund schweben Akelei, hellblau *Aquilegia caerulea,* bunt ihre langspornige Sorte 'Haylodgensis'.

Die Farbenpalette des Edelflieders *(Syringa vulgaris)* reicht vom kühlen, frischen Weiß der gefülltblühenden 'Madame Lemoine' bis zum dunklen Purpurviolett der gefülltblühenden Sorte 'Andenken an Ludwig Späth'. Hier spielt die persönliche Vorliebe für bestimmte Farben eine große Rolle. Jeder Baumschulkatalog bietet eine große Auswahl. Man hüte sich aber davor, alle Farben in gleicher Anzahl zu pflanzen. Überzeugende Wirkungen entstehen nicht durch Mischungen, sondern durch das Herausstellen einer Hauptfarbe und der raffinierten Zuordnung der Nebenfarben.

Weißer Flieder kann überwiegen, er wird durchsetzt mit hellblauen Sorten. Ganz sparsam eingestreute Flecken geben reizvolle, die Gesamtwirkung unterstreichende Akzente.

Bilden dunkelviolette Sorten die Hauptmasse, so wird wenig Weiß und Hellblau zur Kontrastierung zugeordnet. Wer Raum genug im Garten hat, kann dieses Wechseln der farblichen Proportionen auch nebeneinander durchführen. Es bleibt in allen Fällen ein reizvolles Spiel mit viel Überraschungen, da der Wechsel der Hauptfarbe völlig unterschiedliche Wirkungen ausstrahlt. Die zur Verfügung stehenden Hybriden und Sorten können durch Erweiterung mit anderen Formen, wie den neuen in Amerika kultivierten *Syringa*-Preston-Hybriden, den *S. reflexa* und *S.* × *swegiflexa,* die Fliederblüte bis weit in den Juli hinein ausdehnen.

Die Pflanzengruppen sollten nicht zu breit entwickelt werden. Der dichte Austrieb der Grundsprossen des Flieders bildet sehr leicht im Inneren ein undurchdringliches, unansehnliches Gebüsch. Lockere, bandartige Anordnung der vor- und zurückspringenden Gruppen, also eine sehr plastische Anpflanzung, ergibt stärkste Wirkungen. Unterpflanzungen der Fliedergruppen sind kaum möglich; dafür können mit truppweiser Vorpflanzung von Lupinen überzeugende Bilder erreicht werden. Wir pflanzen vor hellblauen Flieder die *Lupinus*-Hybride 'Golden Queen' und vor dunkelvioletten die weiße, im Verblühen leicht violette Lupine 'Countess of March', durchsetzt mit einigen schwarzvioletten 'Black Knight'.

Den Untergrund bilden üppig wachsende, fußhohe Storchschnabel *(Geranium platypetalum)* mit leuchtend lilablauen Blüten, in den wir einige ornamentale Büsche der Geißbartspiräe *(Aruncus dioicus = A. sylvester)* einstreuen. Anfang

116

Juli ist das Feuerwerk erloschen. Wir können aber ein neues, nicht weniger wirksames Fest im Vordergrund der *Malus*- und *Syringa*-Gruppen veranstalten, wenn wir *Hibiscus syriacus* (Roseneibisch) anpflanzen. Die härtesten Formen sind die einfachblühenden Sorten, aber auch die gefüllten lassen sich mit etwas Sorgfalt gut durch den Winter bringen. Ihre Farben reichen von reinem Weiß der früh blühenden Sorte 'Totus Albus' über Karminrot der Sorte 'Rubis' bis zum Blauviolett der straff aufrecht wachsenden 'Coelestis'. Alle bilden bis 2 m hohe Büsche. Je älter sie werden, um so frosthärter zeigen sie sich. Man setze sie in Horste von *Aster*-Dumosus-Hybriden. Dunkelblauviolett und fußhoch blüht 'Prof. Anton Kippenberg', leuchtend rosa die Sorte 'Herbstgruß vom Bresserhof' und reinweiß 'Schneezicklein'.

Der Zusammenklang der Farben und Formen mit dem Roseneibisch gibt überraschende Wirkungen, die bis in den späten Herbstnebel hinein den Garten verzaubern.

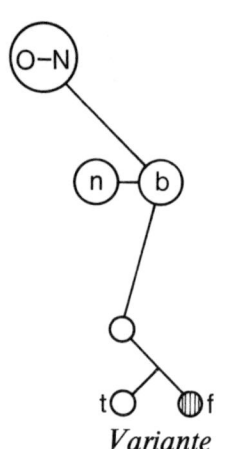

t○ ⊕f

Variante

Variante

Variante

VEGETATIONSBILD 16

Falscher Duftjasmin mit Rosen – rot, rosa und gelb

Taxus baccata 'Fastigiata'
– × *media* 'Hicksii'
Strauchrose 'Dirigent'
– 'Iskra'
– 'Benvenuto'
Polyanthahybride
 'Schneewittchen'
Floribundarose 'Lilli Marleen'
– 'Ponderosa'
– 'Pußta'

Vinca minor
Primula-Elatior-Hybride
– *denticulata*
Narcissus (Schalennarzissen)
Arabis procurrens
Campanula persicifolia
Aquilegia caerulea
Anemone tomentosa
 'Robustissima'

Philadelphus 'Albâtre'
– 'Bouquet Blanc'
– 'Dame Blanche'
– 'Belle Etoile'
Strauchrose 'Shalom'
– 'Fontaine'
Floribundarose 'Lilli Marleen'
– 'Nina Weibull'
Acer palmatum var. *palmatum*
 'Atropurpureum'
– *rubrum*

Delphinium-Hybride
 'Lanzenträger'
Eremurus × *isabellinus*
Viola cornuta 'Angerland'
– – 'Hansa'
Arabis caucasica 'Schneehaube'
Tulipa kaufmanniana
– *greigii*
– *fosteriana*

Strauchrose 'Sparrieshoop'
– 'Weihenstephan'
– 'Centenaire de Lourdes'
– 'Ilse Haberland'
Polyanthahybride 'Betty Prior'

Eremurus robustus
Delphinium-Hybride 'Ariel'
Erigeron-Hybride
 'Sommerneuschnee'
– 'Dunkelste Aller'
– 'Strahlenmeer'
Chrysanthemum arcticum
Colchicum bornmuelleri

Strauchrose 'Golden Showers'
– 'Goldstern'
– 'Chinatown'
– 'Lichtkönigin Lucia'
Floribundarose 'Friesia'

Delphinium-Hybride
 'Finsteraarhorn'
Acaena microphylla
Salvia-Nemorosa-Hybride
 'Mainacht'
Nepeta × *faassenii*

118

1 *Philadelphus*-Virginalis-Hybride 'Albâtre'
2 *Philadelphus*-Cymosus-Hybride 'Bouquet Blanc'
3 *Philadelphus*-Lemoinei-Hybride 'Dame Blanche'
4 *Philadelphus*-Purpureo-Maculatus-Hybride 'Belle Etoile'
5 *Taxus baccata* 'Fastigiata'
6 Hecke aus *Taxus × media* 'Hicksii'
7 Strauchrose 'Fontaine'
8 Floribundarose 'Lilli Marleen'
9 *Delphinium*-Hybride 'Lanzenträger'
10 *Viola cornuta*
11 *Campanula persicifolia*
12 *Vinca minor*

Zum Vegetationsbild 16
gehören die Farbbilder 14 und 15
auf Seite 88

Die Einstellung zur Gartenrose – ob Tee-, Floribunda- oder Polyanthahybriden – und ihrer Verwendung ist sehr unterschiedlich und wohl auch abhängig vom Verhältnis des Menschen zur Pflanze überhaupt.

In vielen Gärten und Gartenbauausstellungen wird sie als farbetragender Massenblüher betrachtet und, farblich geordnet, auf schmalen Rabatten oder breiten Beeten angewandt. Vergesellschaftung mit anderen Pflanzen wird meistens sekundär behandelt. Häufig ist das Ergebnis so, als ob die Rosenfarbe mit breitem Pinsel dekorativ aufgetragen wäre.

Das Wesen der Rose sagt aber etwas ganz anderes. Ihre Wirkung als Einzelgestalt ist so individuell, daß Massierung in der üblichen Art das Wesenhafte zerstört. Ob absolute Einzelstellung oder Gruppierung kleiner Einheiten eine überzeugende Wirkung erreicht, ist abhängig von der Klasse der Rosen und von der Gestaltungsabsicht. Grundsätzlich wird ihr wirkliches Wesen erst dann sichtbar, wenn es in Wechselbeziehung zu anderen, sie in der Wirkung steigernden Pflanzen gesetzt wird.

Rosen haben die erfreuliche Fähigkeit, auf jedem Standort, mit Ausnahme saurer Moorböden, dann fröhlich zu wachsen und zu blühen, wenn dieser ihren Ansprüchen gemäß aufgewertet wird. Sie gedeihen dann sowohl auf sandigem Boden als auch auf schwerem Lehm. Diese unterschiedlichen Standorte bedingen aber eine ihnen entsprechende Zuordnung der Begleitpflanzen.

Das Kapitel über *Juniperus virginiana* 'Skyrocket' gab bereits ein Beispiel dafür, wie zinnoberrote Rosen auf trockenem Boden und bei standortgerechter Zuordnung vor einer silbergrauen Kulisse ihre Wirkung gesteigert entfalten; auf fruchtbarem Lehm aber zeigt der Raum ein völlig anderes Gesicht und zeitigt eine andere Raumatmosphäre.

Statt silbergrauer Wacholdersäulen entsteht die hier glaubhafte Wirkung durch dunkelgrünen Säulentaxus *(Taxus bacca-ta* 'Fastigiata'). Die Heckenwand wird, gleichfalls dunkelgrün, aus *Taxus × media* 'Hicksii' erreicht. Einen lackgrünen Untergrund bilden breite Immergrünteppiche *(Vinca minor)*, denen im Frühling Scharen von Primeln *(Primula*-Elatior-Hybriden und *P. denticulata)* ein frisches, heiteres Muster verleihen. Großkronige Schalennarzissen in strahlendem Weiß und Gelb prangen über den stumpfgrünen Flächen der Schaumkresse *(Arabis procurrens)*. Später hängen die leuchtend blauen Glokken der *Campanula persicifolia* und der Akelei *(Aquilegia caerulea)* über den grünen Gründen, und wiederum später werden auch sie abgelöst von Japananemonen *(Anemone tomentosa* 'Robustissima'), die bis zum Spätherbst blühen. Vor dieser dunkelgrünen Kulisse kommen blutrote und weiße Rosen zu stärkster Wirkung. Unwahrscheinlich ist die Leuchtkraft der blutroten Strauchrose 'Dirigent'. Vom Boden bis zu 2 m Höhe reichen die Dolden mit 20 bis 30 halbgefüllten Einzelblüten. Es ist ein glutroter Rosenbusch mit langer Blütezeit und gesunder Belaubung.

Ganz ähnlich in der Wirkung sind die Sorten 'Iskra' und 'Benvenuto'. Sparsam zugefügte Sträucher der weißen, überreich blühenden 'Schneewittchen' setzen Glanzlichter. In kleineren Horsten werden dunkelrote Floribunda-Sorten wie 'Lilli Marleen', 'Ponderosa' und 'Pußta' im Raum verteilt. Die Beschränkung auf Dunkelrot vor dunkelgrünem Hintergrund ist wirkungsvoller als ein buntes Gemisch vieler Farben und Sorten.

Die Kombination von Rosensorten und die Zuordnung von Gehölzen und Stauden bietet ein noch wenig beackertes Feld. Der Phantasie sind keine Grenzen gesetzt, um immer neue Gartengedanken zu entwickeln, welche die Schönheit dieser Pflanzengattung in immer anderen Variationen sichtbar machen.

Variante Eine Hausgartenvariante zeigt Kombinationen unkomplizierter Garteneindrücke mit starker Blütenkonzentration bei gleichen Standortbedingungen auf Lehmböden.

Die Wirkung wird bestimmt durch eine raumschließende Wand aus dem allgemein bekannten Falschen Jasmin, der richtig Pfeifenstrauch und botanisch *Philadelphus* heißt. Buchtenreiche, 2 m hohe Wälle baut die *Ph.*-Virginalis-Hybride 'Albâtre' auf. Ihre reinweißen Blüten sind halbgefüllt und duften. Etwas niedriger wächst in den Vorsprüngen die *Ph.*-Cymosus-Hybride 'Bouquet Blanc', die an überhängenden Zweigen milchweiße gefüllte, nach Apfelsinen duftende Blüten trägt. Sehr stark aus einfachen, reinweißen Blütenschalen duftet die *Ph.*-Lemoinei-Hybride 'Dame Blanche'. Die *Ph.*-Purpureo-Maculatus-Hybride 'Belle Etoile' sollte, aus der Gruppe herausgezogen, freigestellt werden. Ihre gelblichweißen, offenen Blüten mit purpurfarbenem Kelch und ausgefransten Rändern muß man aus der Nähe betrachten.

Die Atmosphäre des Raumes wird aus schneeigem Weiß und schwerem, betörendem Duft geboren. Und in dieses Weiß setzen wir die Strauchrose 'Shalom', deren kräftiges Zinnoberorange vor den Jasminblüten förmlich zu glühen beginnt.

VEGETATIONSBILD 18

Farbbild 21. Ist *Iris* verblüht, leuchten goldorange unter *Taxus baccata* 'Dovastoniana' die offenen Blütenschalen der frühblühenden Lilie 'Abendglühen'; sie ist eine Züchtung der holländischen Gebrüder Laan.

Farbbild 22. Späte Lilien und *Salvia* klingen noch mit dem Orangeton der *Kniphofia* zusammen.

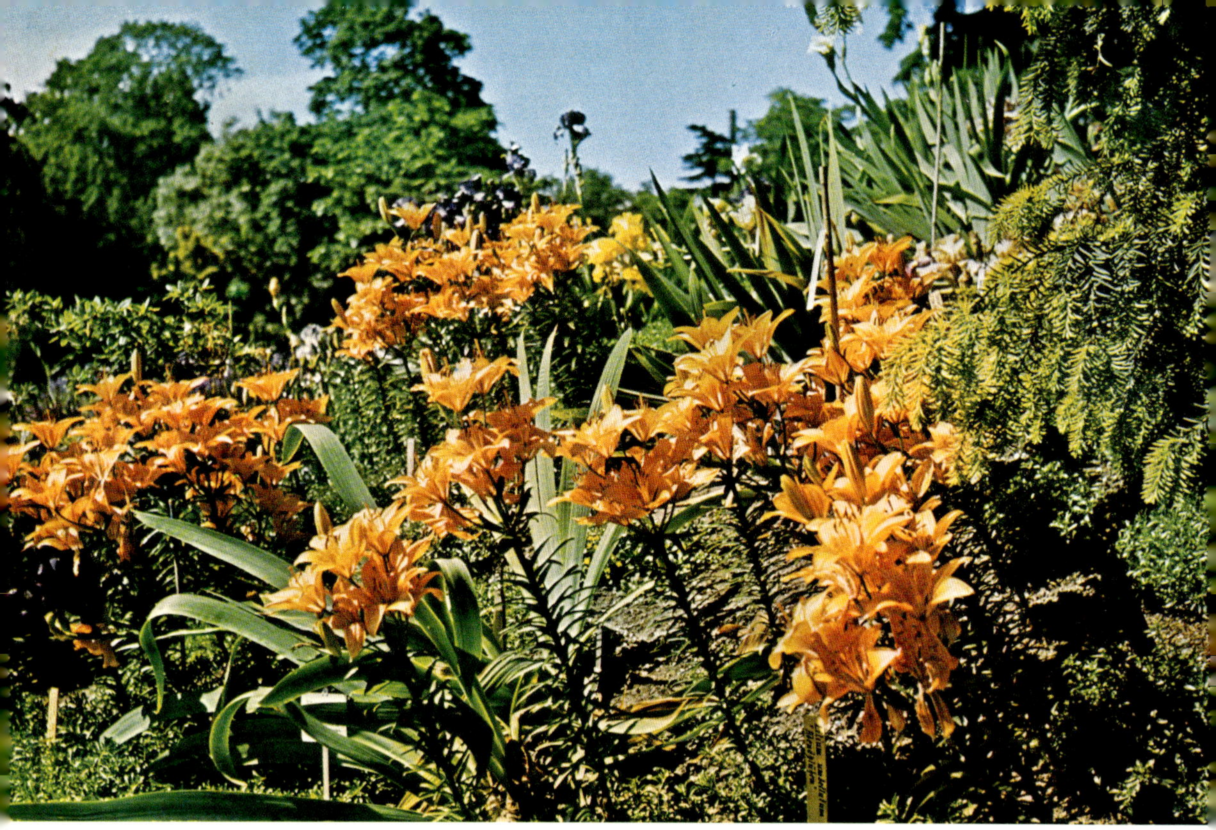

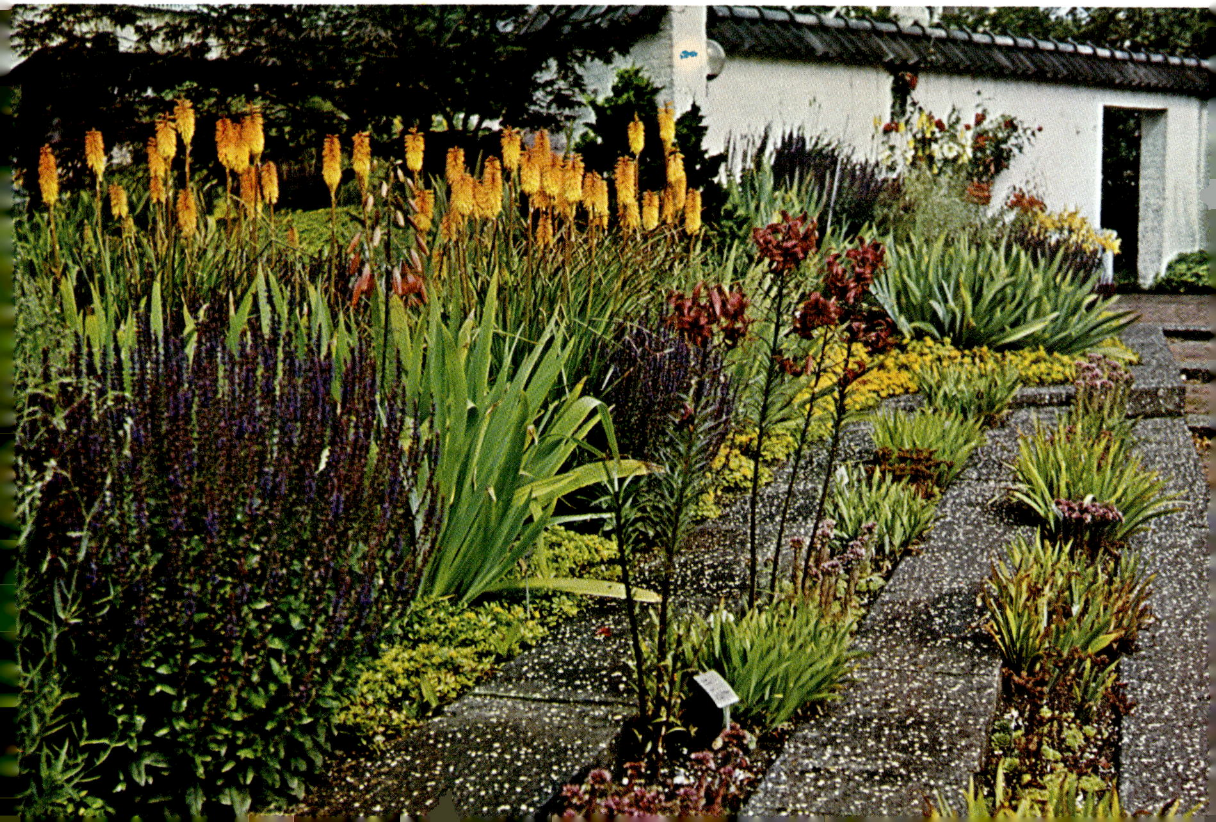

Wir lassen sie abwechselnd mit der blutroten 'Fontaine' so auftreten, daß sie den Raum beherrschen. In der unteren Ebene wiederholen die Floribundahybriden 'Lilli Marleen' und 'Nina Weibull' in lockeren Trupps das leuchtende Blutrot. Die enzianblauen, langen Rispen des Rittersporns *(Delphinium*-Hybride 'Lanzenträger') vollenden den Farben-Dreiklang.

Mit feinem Pinsel werden braungoldene Kleopatranadeln *(Eremurus × isabellinus)* als vertikale Druckstriche zur Abrundung aufgesetzt. Und dann fassen wir das ganze Bild zusammen durch einen blauen Teppich von Hornveilchen: *Viola cornuta* 'Angerland', mit großen, hellblauen Blüten, und 'Hansa' als dunkelblaue Flecken dazwischen. Die Gänsekresse *(Arabis caucasica* 'Schneehaube') gliedert die Fläche mit großen weißen Blüten. Schon im April blühen daraus die farbenfrohen *Tulipa kaufmanniana;* sie werden in den folgenden Wochen von den flammendroten Sorten der *T. greigii* und der *T. fosteriana* abgelöst. Die starke Farbigkeit des Bildes wird aufgefangen durch einige Fächerahorne *(Acer palmatum* 'Atropurpureum'), die von malerisch wachsendem Rotahorn *(A. rubrum)* mit prachtvoller Herbstfärbung überschirmt werden.

VEGETATIONSBILD 20

Farbbild 23. Für *Rhododendron*-Williamsianum-Hybriden in hellem und dunklem Rosa wirkt *Dicentra eximia* rosafarbene, lange blühende und unverwüstliche Untergründe.

Variante Bei gleichem Hintergrund entsteht eine reizvolle Variante mit ganz anderer Atmosphäre, wenn bei den Strauch- und Buschrosen die Farbpalette von Blutrot zu Rosa wechselt. Vor dem strahlenden Weiß der Jasminblüten leuchten dann perlmutterrosa Sternblüten der Sorte 'Sparrieshoop', rosafarbene, halbgefüllte Blütenschalen der 'Weihenstephan' und das glänzend silbrige Rosa der 'Centenaire de Lourdes'. Der starke Duft einzeln freistehender Büsche der großblütigen 'Ilse Haberland' vermischt sich mit dem Duft des Jasmins. Diese hochwachsenden Sorten werden umpflanzt mit der zwar älteren, aber unvergleichbar schönen rosafarbenen 'Betty Prior'. Gelbe Kleopatranadeln werden ausgewechselt gegen rosafarbene *Eremurus robustus,* enzianblauer Rittersporn gegen hellblauen: den Rosatönen entspricht sehr wirkungsvoll das reine, lichte Blau der *Delphinium*-Hybride 'Ariel'.

Auch der Untergrund muß der anderen Tonart angepaßt werden. Ungewöhnliche Wirkung entsteht aus breitflächig gepflanztem Feinstrahl *(Erigeron-*Hybriden). 'Sommerneuschnee' bildet einen dichten Teppich weißer, in Rosa übergehender Blütenmassen. Dunkel violettblaue Trupps von 'Dunkelste Aller' und hellblaue der Sorte 'Strahlenmeer' werden sparsam eingesprengt. Die Herbstblüte der rosafarbenen Rosen klingt mit den weißen Margeritenblüten des *Chrysanthemum arcticum* aus, in die einige Herbstzeitlosen *(Colchicum bornmuelleri)* eingeflochten sind.

Variante Eine völlig andere, ganz lichte Wirkung vermittelt eine weitere Variante mit gelben Rosen vor schneeweißen Jasminblüten. In die *Philadelphus*-Virginalis-Hybride 'Albâtre' ranken die zitronengelben, edelrosengleichen 'Golden Showers' und die tief goldgelbe, aufrechtwachsende 'Goldstern'. Freigestellte, goldgelb blühende Büsche der 'Chinatown' und der unwahrscheinlich reich blühenden 'Lichtkönigin Lucia', die aus dunkelgelben Knospen zitronengelbe Blüten mit orangefarbener

126

Mitte entfaltet, werden mit *Philadelphus* 'Dame Blanche' und 'Belle Etoile' benachbart. Zwischen ihnen blühen über mannshoch tief violettblaue Blütenlanzen der *Delphinium*-Hybride 'Finsteraarhorn'. Die niedrige Floribundarose 'Friesia' setzt das gelbe Leuchten zu ihren Füßen fort. Ein dichter Bodenteppich aus stumpf kupferfarbenen Stachelnüßchen *(Acaena microphylla)* ist durchsetzt mit nachtblauen Horsten der Salbei *(Salvia*-Nemorosa-Hybride 'Mainacht') und mit stumpfvioletten Inseln der Katzenminze *(Nepeta × faassenii)*.

Der Zusammenklang weißer, goldener, violetter und brauner Töne ergibt eine eindeutige Bildwirkung, die durch ein willkürliches Durcheinander aller in den Beispielen genannten Rosensorten kaum erreicht würde.

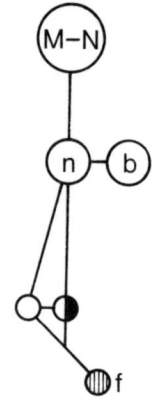

VEGETATIONSBILD 17

Eiben, Japankirschen, Ahorn und neue Taglilien

Taxus baccata
– – 'Dovastoniana'
– – 'Repandens'
– – 'Overeynderi'
Prunus sargentii
– Hybride 'Accolade'
– × *yedoensis*
– *serrulata* 'Mount Fuji'
– – 'Kanzan'
– – 'Shirofugen'
Acer circinatum
– *capillipes*
– × *zoeschense* 'Annae'
– *pseudoplatanus*
  'Prinz Handjery'
– *palmatum*

Asarum europaeum
Galanthus elwesii
Leucojum vernum
Plagiorhegma (Jeffersonia)
  dubium
Trillium grandiflorum
– *sessile*
Erythronium grandiflorum
– *revolutum* 'White Beauty'
– Hybride 'Pagode'
Tulipa sylvestris
Crocus byzanthinus
  (*C. iridiflorus*)
Epimedium × *rubrum*
  'Coccineum'
Aquilegia caerulea
Lilium-Hybride 'Troika'
Festuca scoparia
Hemerocallis-Hybride
  'Painted Lady'
– 'Top Banana'
– 'Jake Russell'
– 'Sunday Afternoon'
– 'Burning Daylight'
– 'Aten'
– 'Torpoint'
– 'George Cunningham'
Scabiosa caucasica
Cimicifuga ramosa
Aconitum carmichaelii
  (*A. wilsonii*)

Zum Vegetationsbild 17
gehören die Farbbilder 16 und 17
auf Seite 104

128

1 *Taxus baccata* 'Dovastoniana'
2 *Taxus baccata* 'Overeynderi'
3 *Taxus baccata* 'Repandens'
4 *Prunus* × *yedoensis*
5 *Acer circinatum*
6 *Acer palmatum*
7 *Asarum europaeum*
8 *Epimedium* × *rubrum* 'Coccineum'
9 *Hemerocallis*-Hybriden

Diese Pflanzenkombination, so ungewöhnlich sie auch erscheinen mag, ergibt Gärten mit ganz besonderem Zauber. Es sind Gärten für Fortgeschrittene. Man erkennt ihren Wert erst, wenn man länger in ihnen lebt. Sie offenbaren sich allmählich, und dann mag man sich nicht mehr von ihnen trennen. Nur Zeit brauchen sie! Ihre Wirkung beruht auf der Schönheit der Einzelgestalten, und diese bilden sich erst mit zunehmendem Alter. Es ist nur begrenzt möglich, sie fertig aus einer Baumschule zu beziehen. Aber auch die Freude an der Entwicklung hat ihren besonderen Reiz. Der Vorschlag paßt für kleine und große Gärten, nur die jeweils richtigen Arten und Sorten müssen der Raumgröße entsprechend gewählt werden. Die meisten Gärten leiden darunter, daß die Proportionen der ausgewachsenen Gehölze im falschen Maßstab zur Grundstücksgröße und zur Gartenform stehen.

In kleinen Grundstücken können keine breiten Grenzpflanzungen angelegt werden. Die breite Abpflanzung wird dann zur geschnittenen Hecke. Die Eiben *(Taxus baccata)* sind hervorragend geeignet, um einen wintergrünen, ausdauernden Raumschluß zu bilden, sowohl als Hecke wie in freier Pflanzung.

Als Hecke muß die Eibe nicht unbedingt in Kastenform geschnitten werden. Sie erhält einen schrägen, seitlichen Anlauf mit abgerundeter oberer Begrenzung. Auch in der Längsrichtung können lange Wellen hineingeschnitten werden. Das ergibt dann kompakte, kuppige, dunkelgrüne Wälle mit ungeheuer plastischer Wirkung. An Stelle der üblichen horizontalen Begrenzung tritt die schwingende, grenzenlose Bewegung.

Steht mehr Raum zur Verfügung, so behalten die Eiben ihren natürlichen Wuchs. Sie bilden im Laufe der Zeit einen herrlichen, konturenreichen Raumschluß. Die lackgrünen Nadeln, die rotbraune, abschilfernde Rinde wirken immer geheimnis-

130

voll. Solche Wände, ob geschnitten oder frei gewachsen, geben das Gefühl absoluter Geborgenheit. Nicht umsonst sind die alten, verträumten englischen Gärten von Eibenhecken umschlossen.

Aus der Rahmenpflanzung werden einige Exemplare zur Gliederung des inneren Gartenraumes herausgezogen und als Schwerpunkte gruppiert. Zur Ergänzung werden einige andere Eibensorten hinzugefügt.

Taxus baccata 'Dovastoniana' ist eine malerische Erscheinung mit überhängenden Triebspitzen und reichem, rotem Fruchtbehang. Ausgewachsen ist 'Dovastoniana' eine ausgesprochene Persönlichkeit, die als Solitär völlig frei stehen muß. *T. baccata* 'Repandens' hingegen breitet sich flach aus und bildet herrliche Untergründe. Vertikale raumbestimmende Akzente setzen die schwarzgrünen Pyramiden der *T. baccata* 'Overeynderi'; sie wächst aufrecht und kann bis 5 m hoch werden. Die eindrucksvolle, festliche Wirkung des massiven Grundgerüstes der Eibe wird besonders in den Wintermonaten spürbar.

Den Untergrund überdecken ganz dichte Teppiche der Haselwurz *(Asarum europaeum)*. Die dunkelgrünen, nierenförmigen und lederartigen Blätter bilden einen ganz gleichmäßigen, während des ganzen Jahres wirksamen Bodenüberzug. Ihn durchbrechen Scharen großblütiger Schneeglöckchen *(Galanthus elwesii)*, die schon im Februar, trotz Schnee und Eis, mit ihren rührenden Blütenglocken den Frühling ahnen lassen. *Leucojum vernum* (Märzbecher) folgt ihnen. Er ist durchwirkt mit zierlich blauen Porzellanblüten der Herzblattschale *(Plagiorhegma dubium = Jeffersonia dubia)*. Wo man näher an die Unterpflanzung herantreten kann, zeigt die Dreizipfellilie ihre großen, kelchförmigen Blüten: kalkweiß *Trillium grandiflorum,* schwärzlichrot *T. sessile*. In dieser Gesellschaft fühlt sich der Hundszahn *(Erythronium)* wohl. Bräunlich gefleckt sind die merkwürdigen Blüten des *Erythronium grandiflorum* aus Nordamerika. Aus Kalifornien stammt das grünlichweiß blühende *E. revolutum* 'White Beauty', gelbe Blüten hat die willig blühende Hybride 'Pagode'. Alle sind Kostbarkeiten mit einem geheimnisvollen Zauber ferner Wälder.

Im Schatten der Eiben angesiedelte *Tulipa sylvestris,* die heimische Wildtulpe, entwickelt sich in wenigen Jahren zu einem dichten Bestand mit olivgrüngelben, edel geschnittenen Tulpenblüten, die lange Wochen schattige Untergründe beherrschen. Nach der Blüte verschwinden sie spurlos, sind aber jedes Jahr ohne Nachhilfe in größerer Zahl wieder vorhanden. Das gleiche gilt für *Crocus byzanthinus* (*C. iridiflorus*) aus Siebenbürgen. Im Spätherbst durchleuchtet er noch einmal den lichten Schatten der Eibenpflanzung.

Das eigentliche Festival des Gartens beginnt aber mit der Blüte der Japankirschen (zu *Prunus serrulata* gehörende Sorten und Formen). Es ist ein kurzes Fest – wenn es lange währt, dauert es 20 Tage, aber diese Wochen sind voll erregender Gartenerlebnisse. Man sollte aber Sorten und Formen wählen, deren Wirkung sich nicht nur auf den Blütenreichtum beschränkt, sondern die darüber hinaus durch ihren Habitus und Aufbau, ihre Laubfärbung und winterliche Erscheinung Wirkungen ausstrahlen.

So bekannt und beliebt die rosafarbene Nelkenkirsche, *Prunus serrulata* 'Kanzan' (oft fälschlich als 'Hisakura' geführt), auch ist – als Gesamterscheinung verliert sie infolge ihres langweilig struppigen Wuchses. Wenn sie schon ihrer schäumenden rosa Blütenfülle wegen gepflanzt wird, so sollte sie nicht im Vordergrund stehen.

Die hier genannten Arten zeichnen sich alle durch besonders wertvolle Wuchsformen aus. Den Blütenreigen beginnt im April *Prunus sargentii.* Der malerische, ganz lockere Wuchs, der bronzefarbene Austrieb und die flammend scharlachrote

Herbstfärbung sind Grund genug, ihr einen bedeutungsvollen Platz einzuräumen. In der Blütezeit ist *P. sargentii* überschüttet mit großen, reinrosa Blüten. Fast unmittelbar folgt darauf die schirmartig locker mit zahllosen rosafarbenen Blüten besetzte Hybride (aus *P. sargentii* × *P. subhirtella)* 'Accolade'. In ihrer Blütezeit ist sie ein Märchenbaum.

Etwa zur gleichen Zeit erblüht *Prunus* × *yedoensis*. Das ist die Kirsche, unter der die Japaner ihre Kirschenblütenfeste feiern. Große einfache, zunächst rosafarbene, später weiße Blüten entwickeln sich in Sträußen so dicht, daß es aussieht, als sei der Baum mit frischgefallenem Schnee überzogen. Strauchartig, leicht überhängend, mit glänzenden braunen Zweigen, entfaltet *Prunus serrulata* 'Mount Fuji' schneeweiße Blüten an hängenden, langen Stielen. Die längste Blütezeit hat die Sorte 'Shirofugen', eine der letzten im Reigen der Zierkirschen. Ihr starker Wuchs, breit ausladend, mit abgeflachter Krone, halbgefüllten weißen Blüten, die sich aus purpurrosa Knospen entfalten, und der kupferrote Austrieb geben ihr ohne Zweifel den Führungsanspruch unter den Japankirschen. Ihre imposante Erscheinung sollte in größeren Pflanzungen zahlenmäßig überwiegen.

Den Untergrund deckt das frischgrüne, bräunlich marmorierte Laub der Elfenblume *(Epimedium* × *rubrum),* aus dem blaue, bizarre Kelche der Akelei *(Aquilegia caerulea)* in beherrschender Menge kniehoch herausragen. Eine blaue Akeleiwiese unter Kirschenblüten vor dunklen Eiben ist ein ungewöhnliches Gartenerlebnis des Frühlings.

Und dann beherrscht Ahorn *(Acer)* den Garten. Die Blüte im frühen Frühjahr ist hübsch, aber nicht sehr bedeutend. Aber Wuchsform, Blattausbildung und Färbung sind Faktoren, die einen harmonischen Dreiklang zu Kirschen und Eiben ergeben. Hier sind nicht die Ahornarten gemeint, die als Park- oder Alleebäume gepflanzt werden, sondern das vielgestaltige

Sortiment mittlerer und kleinerer Arten mit ihren wechselvollen Erscheinungen. Allein mit ihnen wäre es möglich, in
einem kleinen Garten eindrucksvolle Wirkungen zu erreichen.
Dunkle Eibenwände steigern ihr Farbspiel, besonders in
frühen Herbsttagen, wenn die ersten Nebel aufsteigen, zu
einem rauschenden Schlußakkord. Der Weinahorn *(Acer
circinatum)* steht mit frischgrünen, herzförmigen Blättern in
herrlichem Kontrast vor dunklem Hintergrund. *A. capillipes*
zeichnet sich durch weißgestreifte Rinde und dreilappige,
zugespitzte Blätter mit roten Blattnerven aus und schenkt als
freigestellter, hoher Busch immer neue, ständig wechselnde
Überraschungen. Mit dunkelrotem Austrieb bildet im lichten
Halbschatten der Kirschbäume *A.* × *zoeschense* 'Annae' seine
malerische, breit ausladende Krone. Kaum bekannt, aber von
frappierender, wechselnder Schönheit ist *A. pseudoplatanus*
'Prinz Handjery'. Seine Blätter entfalten sich kupferrosa mit
seidigem Glanz, wechseln über Goldgelb nach Silbriggrau-
gelb; dabei verfärbt sich die Blattunterseite in ein samtenes
Purpurrot.
Solche Pflanzen muß man jeden Morgen besuchen, um das
ständig wechselnde Farbenspiel zu bewundern. Vollkommen
wird das Bild durch Zuordnung der Perle unter den Ahornarten, dem Japanfächerahorn *(A. palmatum)*.
Es gibt eine ganze Gruppe zauberhafter, malerischer Gestalten unter ihnen, die das Spiel des geschlitzten Laubes, des
roten, grünen oder goldenen Austriebs und, vor allem, die
glühende Herbstfärbung in allen Variationen vorführen. Im
Winter erlangen ihre Zweige eine starke graphische Wirkung.
Aus ihnen sollten *Lilium*-Hybriden 'Troika', die mit grazilen,
bronze bis goldbraunen Türkenbundblüten besetzt sind, herauswachsen. An die Epimedien schließen sich breite Flächen
des Bärenfellschwingels *(Festuca scoparia)* an. Er überzieht
den Untergrund mit einem dunkelgrünen Teppich, der be-

134

sonders bei schräg einfallendem Licht überraschend plastisch wirkt, da die Oberfläche wellenartige Bulten ausbildet.

In großen Abständen setzen wir Trupps der modernen Taglilienhybriden *(Hemerocallis)* in diesen schwellenden grünen Grund. Was in letzter Zeit aus dieser Pflanzengruppe an edlen, reich- und langblühenden, unverwüstlichen Erscheinungen – besonders von den Amerikanern – durch Züchterleistung entwickelt wurde, ist mit den noch heute in Katalogen angepriesenen uralten Sorten kaum noch vergleichbar. Die Farbskala reicht von fast Weißgelb über Zitronengelb bis zum dunklen Purpurbraun. Klassisch schöne Blütenkelche schweben an langen Stielen über gesunden, kräftigen Laubbüschen. Farbe und Form kontrastieren herrlich zu dunklen *Taxus* und den Laubfarben des Ahorn.

Es seien nur einige Perlen aus dem reichen Register der Möglichkeiten aufgezählt: 'Painted Lady' blüht zitronengelb mit großen Strahlenblüten. Viel Substanz und kräftiges Goldgelb zeigt 'Top Banana'; 'Jake Russel' und 'Sunday Afternoon' sind ihr ähnlich. 'Burning Daylight' und 'Aten' sind mit orangefarbenen Blüten schöne Gegenfarben, die noch durch helle lachsorange Töne von 'Torpoint' und 'George Cunningham' ergänzt werden können.

Man muß sich zügeln, um diese Liste nicht endlos zu verlängern, obwohl noch viele Kostbarkeiten unter ihnen wert wären, genannt zu werden.

Merkwürdig ist, daß die Taglilien, und besonders neue Sorten, in Europa nur zögernd verwandt werden.

Wenn man verwahrloste, alte Gärten besucht und den Bestand alter, unverwüstlicher Stauden untersucht, so stellt man immer wieder fest, daß *Hemerocallis* in völlig verkrauteten Beeten ohne irgendwelche Pflege sich zu imposanten Gestalten entwickelt haben. Sie können in großen Gruppen gepflanzt werden, ohne aufdringlich zu wirken. Überzeugend wirkungs-

voll ist die Zuordnung größerer Mengen von *Scabiosa cau-*
casica. Damit entsteht eine fröhliche Palette aus Gelb, Orange,
Braun und Himmelblau. Mannshoch steigen die grazilen
Blütenstände der Silberkerzen *(Cimicifuga ramosa),* durchwirkt mit den blauen Ritterhelmen des Eisenhuts *(Aconitum*
carmichaelii = A. wilsonii) in die brennenden Farben des
Ahorns, der Kirschen und in das schwere Eibengrün der
späten Herbsttage.

VEGETATIONSBILD 18

Eiben, Ahorn, Japankirschen und Iris im kleinen Garten

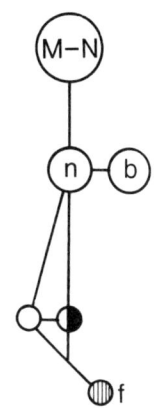

Prunus serrulata 'Mount Fuji'
Taxus baccata 'Repandens'
– – 'Overeynderi'
Chamaecyparis obtusa
    'Nana Gracilis'
Acer palmatum var. *dissectum*
– *japonicum* 'Aconitifolium'

– – 'Ginger' oder
    'Brass Accents' oder
    'African Queen'

– – 'Sable Night' oder
    'Dress Suit' oder
    'Doge of Venice'

Pulmonaria angustifolia 'Azurea'
Azorella trifurcata
Anemone blanda 'Coerulea'
Iris germanica
    (Barbata-Elatior-Gruppe)
    'Buttercup Bower'
– – 'Mohr Limonade'
– – 'Techny Chimes' oder
    'Solid Gold'
– – 'Celestial Glory' oder
    'Radiant Apogee'
– – 'Ginger'
– – 'Henry Shaw' oder
    'Cliffs of Dover'
– – 'Blue Sapphire' oder
    'Harbor Blue'
– – 'Pacific Panorama' oder
    'Jean Sibelius'
– – 'Out Yonder'
– – 'Sable Night'
– – 'Frost and Flame' oder
    'Christmas Angel'
Lilium-Hybride 'Abendglühen'
– Tigrinum-Hybride
    'Sutters Gold'
Apaganthus praecox
Lilium-Hybride 'Anaconda'
– Aurelian-Hybride 'Honeydew'
– Hybride 'Bright Star'
Campanula-Portenschlagiana-
    Hybride 'Birch Hybrid'
Anemone-Japonica-Hybride
    'Honorine Jobert'
Kniphofia-Hybride 'The Rocket'
Aconitum carmichaelii
Colchicum 'Lilac Wonder',
    'Violet Queen', 'Waterlily'

Zum Vegetationsbild 18
gehören die Farbbilder
20, 21 und 22
auf Seite 106 und 123

Der bestimmende kleine Hausbaum mit malerisch überhängender Krone wird *Prunus serrulata* 'Mount Fuji'. Seine
reinweißen Blüten pendeln an langen Stielen. Wenn sie aufblühen, kontrastieren sie wirkungsvoll mit dem bronzegrünen
Austrieb der Belaubung. Im Herbst verfärben sie goldgelb.
Das Lungenkraut *(Pulmonaria angustifolia* 'Azurea') bildet
dazu einen leuchtend azurblauen Untergrund. Dunkelgrüne,
ganz flach wachsende Eiben *(Taxus baccata* 'Repandens')
wirken wie Schlagschatten unter der blühenden Kirsche. Mit
fächerförmig gedrehten Zweigen stehen dunkelgrüne Kegel
der Muschelzypresse *(Chamaecyparis obtusa* 'Nana Gracilis')
in lockerer Gruppierung auf einem ganz dichten, neutral grünen Rosettenpolster der *Azorella trifurcata,* durchsetzt mit
Scharen von *Anemone blanda* 'Coerulea', die im April mit
blauen Blüten in Massen aus dem Boden sprießt.
Malerisch entwickelte Japanhorne des geschlitztblättrigen
Acer palmatum var. *dissectum* und *A. japonicum* 'Aconitifolium' zeichnen wirkungsvoll Silhouetten mit grüner und röt-
licher Blattfärbung, die im Herbst von überraschender Leuchtkraft ist. Maßstab und vertikale Ausrufezeichen setzen einige
Eibensäulen der *Taxus baccata* 'Overeynderi'.
Zu dieser exklusiven Gesellschaft passen kostbare neue Züchtungen edler Schwertlilien *(Iris germanica,* Barbata-Elatior-
Gruppe). Eine riesengroße Palette in allen Farbnuancen bietet
sich an. Überzeugende Wirkungen werden aber nur dann
erreicht, wenn die Sorten sorgfältig ausgewählt und abgestimmt werden. Wer sie durcheinanderwirbelt, erreicht Lärm
statt Melodie.
Einige Beispiele für Farben, die harmonisch zusammenwirken, wobei auch hier das richtige Mengenverhältnis der Farben
zueinander bedeutsam ist:
Wir kombinieren die willig blühende zitronengelbe 'Butter-
cup Bower' oder 'Mohr Limonade' mit der goldgelben 'Techny

Chimes' oder 'Solid Gold'. In größeren Gruppen passen 'Celestial Glory' mit ihrem Goldorange-Ton oder 'Radiant Apogee' dazu. Das Gelb fangen wir auf durch braune Töne mit 'Ginger', 'Brass Accents' oder 'African Queen'. Ein wenig Weiß von 'Henry Shaw' oder 'Cliffs of Dover' ergänzt die Kombination. Hier dunkelblau oder violett einzufügen, würde die beabsichtigte Beschränkung auf die Grundfarbe aufheben. Das gibt eine andere Palette. Hellblau mit edlen Blüten sind 'Blue Sapphire' oder 'Harbor Blue'. Dunkelblau hebt ihre Wirkung: entweder verwenden wir dazu das irisierende Blau der 'Pacific Panorama' oder das Stahlblau der 'Jean Sibelius'. Raffinierte Wirkung entsteht durch Zuordnung der 'Out Yonder' mit stumpfblauem Dom und tiefblauen Petalen. Ganz dunkles Violett von 'Sable Night', 'Dress Suit' oder 'Doge of Venice', durchleuchtet von einigen 'Frost and Flame' oder 'Christmas Angel', vollendet das Zusammenspiel. Die Fülle aller erdenklichen Kombinationen würde den gesteckten Rahmen sprengen, besonders, wenn noch die möglichen Verbindungen der kupfernen, roten und rosa Sorten einbezogen werden, die ja andere Nachbarschaften fordern.

In den letzten Junitagen ist das Fest der Irisblüte beendet; dafür übernehmen die kraftvollen Stiele juliblühender Lilien das folgende Programm:

Ganz früh blüht die Sorte 'Abendglühen' mit gelborange-farbenen Tönen in unwahrscheinlicher Fülle. Ihr folgt der *Lilium*-Tigrinum-Abkömmling 'Sutters Gold'. Beide werden umpflanzt mit der unter leichter Winterdecke ausdauernden Schmucklilie *Agapanthus praecox;* sie ist zwar etwas klein-blumiger als ihre Schwester *A. africanus (A. umbellatus),* muß dafür aber nicht mühsam ins Winterquartier verfrachtet werden, was sie aber durch zahllose Blüten ausgleicht. Apri-kosenfarben folgt den gelben Lilien die zauberhafte Züchtung 'Anaconda'. Die *Campanula*-Portenschlagiana-Hybride 'Birch

Hybrid' mit blauvioletten Blütenmassen bildet darunter einen schönen Teppich. Grüngelb leuchten aus dem Laub des Japanahorns einige fast mannshohe *Lilium*-Aurelian-Hybriden 'Honeydew'. Die Schönheit ihrer elegant geformten Trompeten ist wohl kaum noch zu übertreffen. Die Lilienblüte dieses besonderen Gartenraumes endet im August mit den schneeweißen Sternblüten der Trompetenlilie 'Bright Star'. Doch das Blühen nimmt noch kein Ende. Schneeweiße Blütenschalen der *Anemone*-Japonica-Hybride 'Honorine Jobert' sind durchsetzt mit leuchtend orangefarbenen Fackellilien *(Kniphofia*-Hybride 'The Rocket') und dunkelblauem Eisenhut *(Aconitum carmichaelii = A. wilsonii).*

Und dann folgt die Zeit der Herbstzeitlosen *(Colchicum).* Es ist merkwürdig, wie selten die Möglichkeit genutzt wird, den Garten im September/Oktober noch einmal einen fast

VEGETATIONSBILD 21

Farbbild 24. *Geranium platypetalum* ist wüchsig, anspruchslos, verträgt Sonne und Halbschatten und gedeiht jahrzehntelang am gleichen Standort.
Farbbild 25. *Kolkwitzia amabilis* ist nur wenig bekannt. Sie schüttet ihre Blütenfülle über üppige Staudenunterpflanzung.
Farbbild 26. Zwischen so üppiger Pflanzung aus *Iris, Hemerocallis, Hosta* und Farnen wie *Dryopteris filix-mas* haben Unkräuter kaum Chancen zur Entwicklung.
Farbbild 27. *Hemerocallis minor* paßt wegen ihrer frühen Blütezeit und Struktur gut zu *Geranium platypetalum* und *Iris sibirica.*

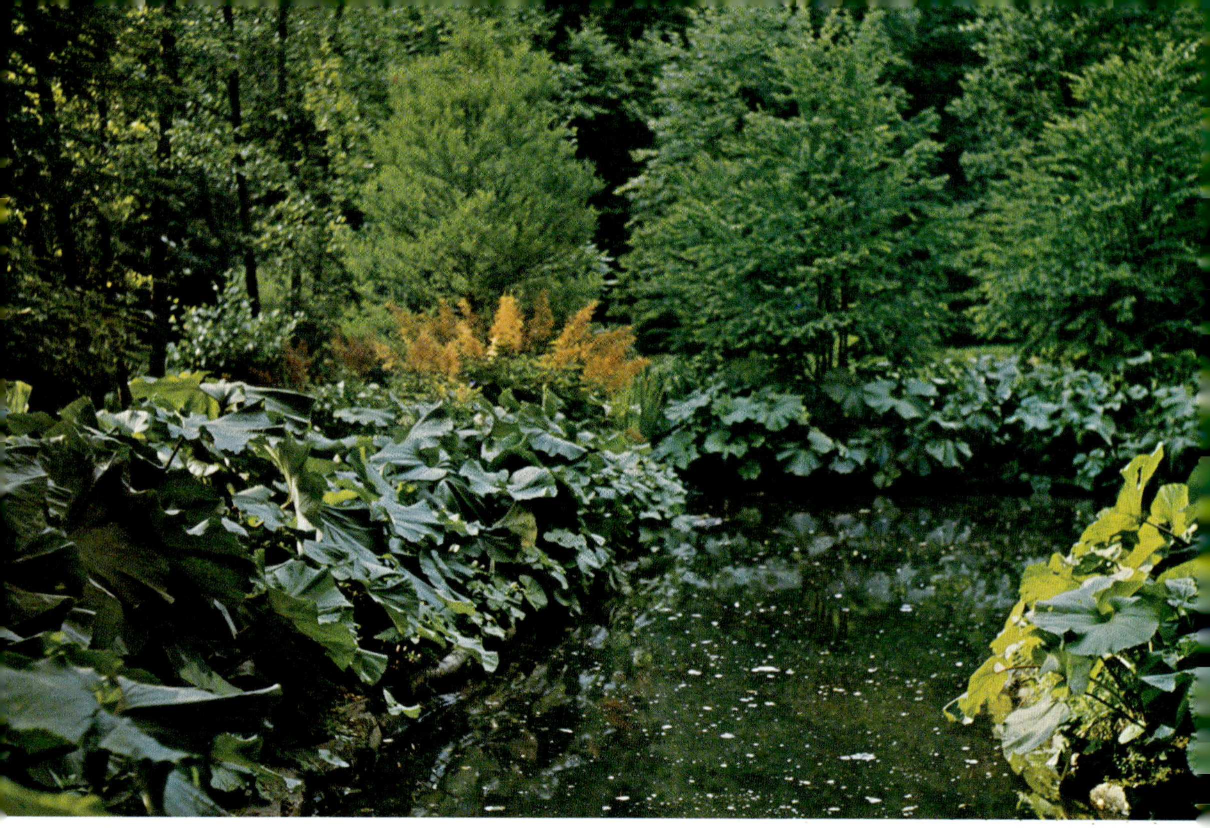

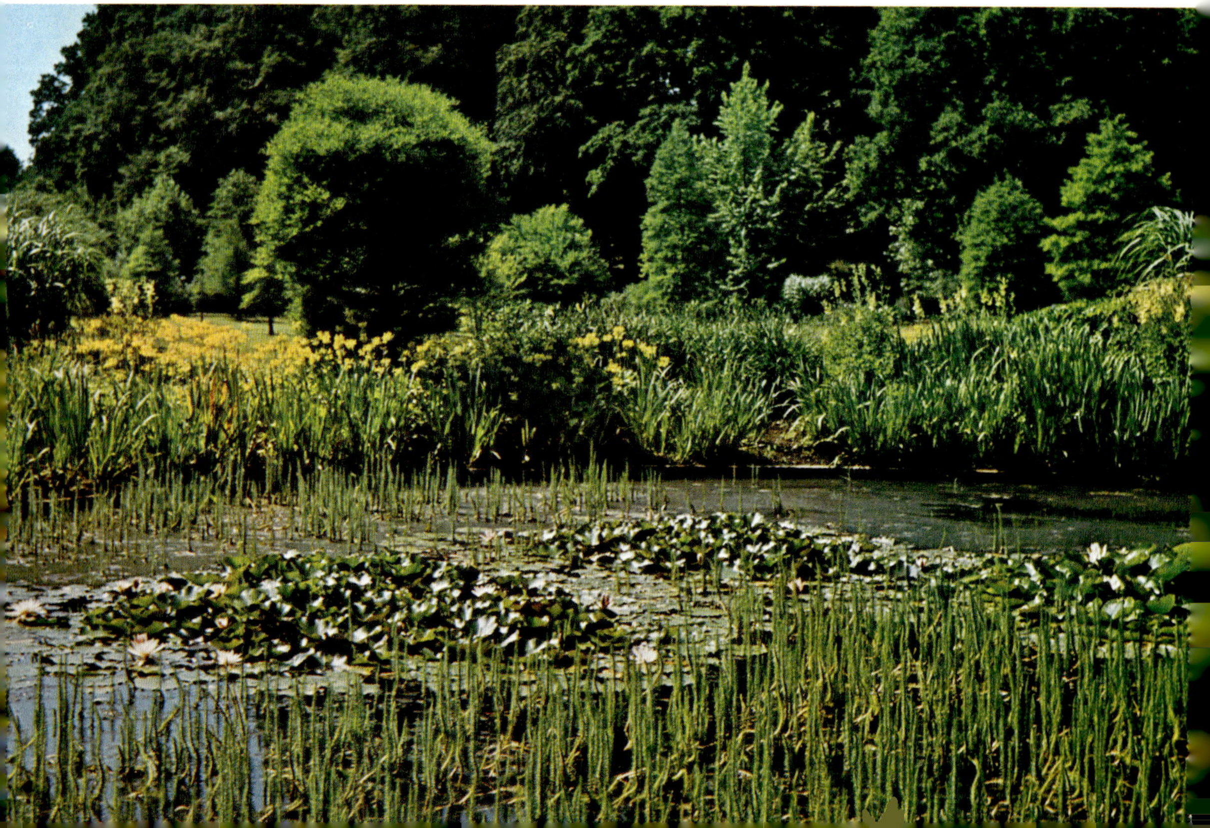

frühlingshaften Glanz ausstrahlen zu lassen. Schon im Frühling bilden die Zeitlosen üppige Blattschöpfe, die mit diesem gewählten Vegetationsbild gut zusammenklingen. Mit steigender Sonne verschwinden sie plötzlich, um dann in den Herbsttagen als zarte Blütengestalten mit völlig gegensätzlicher Struktur den Garten zu durchleuchten.

Es sind Arten und Sorten des *Colchicum,* die in großer Auswahl, als Wildformen und Hybriden, zur Verfügung stehen. Einige Hybriden sollen genannt werden, ohne daß dabei alle Möglichkeiten ausgeschöpft sind: 'Lilac Wonder' hat sehr große, wirkungsvolle Blüten, die auf violettem Grund feine weiße Linien zeigen. Ihre Blütezeit reicht bis in den späten Oktober. 'Violett Queen' blüht zur gleichen Zeit violett mit strahlend heller Mitte. 'Waterlily' ist eine besonders wirkungsvolle Züchtung. Sie ist dicht gefüllt und öffnet ihre Blüten bei später Septembersonne wie eine kleine Seerose.

Erst wenn die Netze der Spinnen im Nebel des Spätherbstes sichtbar werden, ist das Spiel dieses kleinen Gartens beendet.

VEGETATIONSBILD 22

Farbbild 28. *Taxodium distichum, Petasites japonicus* 'Giganteus' und *Eupatorium cannabinum* umsäumen den fischbesetzten Tümpel.
Farbbild 29. Durch Ausmuldung des feuchten Grundes werden Tümpel angelegt, die von *Nymphaea,* Sumpf- und Wasserpflanzen belebt werden. Die passende Fauna kommt ohne unser Zutun.

VEGETATIONSBILD 19

Baumpäonien, Bambus und ihre Gesellschaft

Lonicera × *heckrottii*
Paeonia-Suffruticosa-Hybride
  'Carnea Plena'
––'Chromatella'
––'Comtesse de Tudor'
––'Reine Elizabeth'
Viburnum × *carlcephalum*
Sinarundinaria murielae
Aralia elata
Kalopanax septemlobus
  var. *maximowiczii*

Ajuga reptans 'Atropurpurea'
Anemone sylvestris
Primula vulgaris
Chionodoxa luciliae
Hosta sieboldiana
Hemerocallis-Hybride
  'Cartwheels'
Lilium-Orient-Hybride
  'American Eagle'
Ipomoea violacea 'Himmelsblau'
Datura arborea
Cimicifuga simplex
  'Armleuchter'
Aconitum × *arendsii*
Helleborus niger 'Praecox'
– *niger*
– Hybride

Zum Vegetationsbild 19
gehören die Farbbilder 18 und 19
auf Seite 105 und 106

1 *Paeonia*-Suffruticosa-Hybriden
2 *Sinarundinaria murielae*
3 *Aralia elata*
4 *Ajuga reptans* 'Atropurpurea'
5 *Hosta sieboldiana*
6 *Hemerocallis*-Hybride 'Cartwheels'
7 *Datura arborea*

Es war einmal ein wunderschöner Garten. Wer in das versponnene grüne Reich eindrang, glaubte in einer Zauberwelt von berauschenden Düften und köstlichen Blumen zu sein. Herrliche, unvorstellbare Blütenschalen schwebten über mannshohen Büschen. Der ganze Raum war von ihnen erfüllt. Purpurrot, rosa und schneeweiß, in strahlenden, reinen Farben, glänzten die Blütenblätter. Es schien, als ob sie aus reiner Seide gesponnen wären. Wie im längst vergangenen Paradies wanderte man zwischen nie erlebten Blütenwundern. So etwa könnte ein Märchen beginnen.

Wer im ganz kleinen Gartenraum diese Märchenwelt immer wieder neu erleben will, muß das Thema Baumpäonien *(Paeonia suffruticosa)* als Hauptmelodie spielen. Dieses wertvolle Gehölz ist verhältnismäßig selten in Gärten zu finden. Vielleicht, weil man gar nicht glaubt, daß solche Kostbarkeiten in unseren Gärten gedeihen. Vielleicht, weil sie im Frühling ein ganz klein wenig Schutz gegen Spätfröste brauchen und im Sommer so viel Licht und Wärme wie möglich. Häufig leben sie deshalb nur kurze Zeit, weil bei der Pflanzung versäumt wurde, sie 20 cm tiefer zu setzen, als sie in der Baumschule gewachsen sind. Das ist notwendig, damit die Edeltriebe eigene Wurzeln bilden, um die Widerstandsfähigkeit zu erhöhen. Am richtigen Standort erreichen sie je nach Sorte Mannshöhe. Die Einzelblüten können bis 25 cm Durchmesser erreichen. Die Farbpalette reicht von reinem, glänzendem Weiß über Rosa, Lachsrot, Dunkelrot bis zum tiefen Purpurviolett. Das Laub ist blaugrün und farnähnlich. Die Chinesen nennen die Baumpäonie „Königin der Blumen". Man ist geneigt, diesen Titel zu akzeptieren, wenn man sich in die Schönheit der riesig großen Einzelblüten versenkt.

Nun ist die Größe nicht immer ein Wertzeugnis. Die Blüten der Baumpäonie aber sind in Form, Farbe und Proportion harmonisch und überzeugend.

Der Gartenraum ist von einem hohen Zaun umschlossen.
Darüber breitet das Jelängerjelieber *(Lonicera × heckrottii)* seine rahmfarbenen bis braunvioletten Blütengehänge aus, deren Duft, besonders in den späten Abendstunden, nicht nur Falter und Hummeln, sondern auch den Menschen fasziniert.
Die Gehwege, die an die Schönheiten heranführen sollen, sind mit schwarzbraunen Klinkern belegt. Für die Baumpäonien sind in den Flächen sanfte Kuppen ausgespart – dort werden sie einzeln und truppweise gruppiert. Elfenbeinweiße, gut gefüllte Blütenschalen öffnet die *Paeonia*-Suffruticosa-Hybride 'Carnea Plena'. Neben ihr kommt das Schwefelgelb der 'Chromatella' besonders zur Geltung. Riesengroße lachsrote, gefüllte Blüten zeigt die haltbare 'Comtesse de Tudor', während die strahlend schöne 'Reine Elizabeth' aus krebsroter Mitte dunkelrosa Blütenblätter mit silbrig-rosa Spitzen entwickelt. Diese Sortenaufzählung soll nur anregen. Einige Baumschulen und Staudengärtnereien führen eine große Zahl erprobter, besonders japanischer Sorten in den Katalogen.
Ein einzelner Strauch ist schön. Märchenhaft wird aber der Gartenraum, wenn ihn die bezaubernden Blütenbälle der Baumpäonien in verschiedenen Sorten gänzlich beherrschen. Zur Blütezeit sollte jedoch die Konkurrenz anderer, gleichzeitig blühender Gehölze zurückhaltend sein. Ein guter Nachbar ist der Duftschneeball *(Virburnum × carlcephalum)*. Im Mai ist der 2 m hohe Strauch mit einer Fülle schneeweißer Blütenbälle besetzt. Ihr Duft erfüllt den ganzen Garten.
In der Zeit der Päonienblüte ist der Untergrund neutral gehalten. Das bronzebraune Laub des Blaugünsels *(Ajuga reptans* 'Atropurpurea') bildet einen wirksamen Kontrast zum Laub der Baumpäonien.
Die spannhohen, blauen Blütenkerzen vermischen sich mit den weißen Blütensternen der Waldanemone *(Anemone sylvestris)*. Beide Arten wuchern, durchspinnen sich gegenseitig

147

und bilden in kurzer Zeit einen fröhlichen Blütenteppich im April, aus dem einige gelbe Tupfen der *Primula vulgaris* herausleuchten.

Trupps von Schneestolz *(Chionodoxa luciliae)* ergänzen das Frühlingsbild.

Der Chambambus *(Sinarundinaria murielae)* bildet das zweite Stockwerk. Er baut etwa 3 m hohe, imposante Gestalten. Der leichte Schwung überhängender Stiele und das feingegliederte Laub dieses Bambusgrases erinnern an japanische Aquarelle. Truppweise gruppiert, sind die Horste im Raum verteilt und geben den Baumpäonien eine bildhafte Rahmung. In diese Atmosphäre des Bambus-Dschungels passen einige üppige Erscheinungen. *Aralia elata* strahlt eine fast exotische Wirkung aus. Der hohe Strauch mit den bestachelten Trieben und langen, doppelt gefiederten Blättern trägt im August breite, gelblichweiße Blütendolden. Ähnlich wirkt die Stachelkraftwurz *(Kalopanax septemlobus* var. *maximowiczii)* mit den breiten, tiefgelappten Blättern, die sich im Herbst leuchtend rot verfärben. Sie sind unterpflanzt mit der auffallend blaugrünen, metallisch glänzenden Blaublattfunkie *(Hosta sieboldiana)*. Ihre blauvioletten Blüten werden im Sommer durchwirkt mit den goldgelben Blütensternen der Taglilien *(Hemerocallis*-Hybride 'Cartwheels'). Die *Lilium*-Orient-Hybride 'American Eagle' beeindruckt durch die klassische Schönheit ihrer schwebenden Blütenkelche und wirkt daneben als weiterer Duftspender während dieser Zeit.

Die unwirklich blauen Trichter der einjährigen Japanischen Kaiserwinde *(Ipomoea violacea* 'Himmelsblau') ranken an drahtigen Stielen über die dornigen Äste der Aralie.

Die hohen Bambussträucher als wirkungsvollen Hintergrund nutzend, wachsen in schweren römischen Tonkübeln dekorative tropische Stechäpfel *(Datura arborea)*. Den schneeweißen, langen und schmalen Blütenkelchen entströmt besonders in

148

den Abendstunden ein unvorstellbarer Duft, der sich durch den ganzen Garten mit dem der Goldbandlilien vermischt. Der Stechapfel ist nur Sommergast im Garten und muß den Winter in einem frostfreien Raum verbringen. Er verlangt viel flüssige Nahrung, viel Wasser und einen leichten Sonnenschutz zu seinem Wohlbefinden. Werden ihm diese kleinen Wünsche erfüllt, bietet er während des ganzen Sommers ein immer wieder mit Spannung erwartetes Erlebnis mit Duft und traumhaften Blüten in großer Fülle: dafür lohnt sich der Pflegeaufwand.

Den Schlußakkord des Sommers spielen in diesem Garten Trupps der Oktober-Silberkerze *(Cimicifuga simplex* 'Armleuchter'). Die verzweigten, mannshohen weißen Blütenrispen sind durchsetzt mit den dunkelblauen Helmen des Eisenhuts *(Aconitum × arendsii)*. Kaum sind sie verblüht, ist der Boden übersät mit den weißen Schalen der Christrosen *(Helleborus niger* 'Praecox'), die mit den vom Dezember bis März blühenden *H. niger* und den bunten *Helleborus*-Hybriden bis in den nächsten Frühling hinein eine bezaubernde Gartenmelodie spielen, trotz Eis und Schnee.

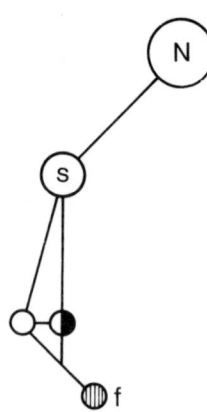

VEGETATIONSBILD 20

Magnolien, frühe Rhododendron und Blumenhartriegel

Magnolia-Soulangiana-Hybride
  'Lennei Alba'
– *kobus* 'Loebneri'
– *stellata*
Rhododendron-Williamsianum-
  Hybride 'Oldenburg'
– Wardii-Hybriden
– *insigne*
– Discolor-Hybride 'Inamorata'
– – 'Wilhelm Schacht'
– Repens-Hybriden
Cornus florida
– – 'Rubra'
– *kousa* var. *chinensis*
Tsuga canadensis
Hydrangea aspera
  ssp. *sargentiana*

Omphalodes verna
Epimedium pinnatum 'Elegans'
Dicentra formosa 'Bountiful'
Dryopteris borreri (D. palacea)
– *dilatata*
– *erythrosora*
– *filix-mas* 'Barnesii'
– *goldiana*
Primula japonica
– *beesiana*
– Bullesiana-Hybriden
Anemone-Japonica-Hybriden

Zum Vegetationsbild 20
gehört das Farbbild 23
auf Seite 124

150

1 *Magnolia*-Soulangiana-Hybride 'Lennei Alba'
2 *Cornus florida* 'Rubra'
3 *Tsuga canadensis*
4 *Rhododendron*-Williamsianum-Hybride 'Oldenburg'
5 *Epimedium pinnatum* 'Elegans'
6 *Omphalodes verna*

Wenn leicht saurer, anmooriger Boden im Garten ansteht, ist zwar manche bisher genannte Pflanzenkombination nicht möglich. Das bedeutet aber keinesfalls Verzicht. Denn eines der prächtigsten Vegetationsbilder kann allein auf eben diesem sauren (oder nur unter großem Daueraufwand veränderbaren basischen) Boden entwickelt werden.

Eine hainartige Pflanzung aus Magnolien eröffnet das Blütenfest ganz früh im April. Schneeweiß leuchten die großen, glockenförmigen Blumenschalen der *Magnolia*-Soulangiana-Hybride 'Lennei Alba'. Wie übersät von einer riesigen Schar aufsitzender Falter mit weißen Flügeln wirken die zur selben Zeit blühenden *M. kobus* 'Loebneri'. Gleich in Blütenform und -farbe ist *M. stellata,* die kleiner bleibende Sternmagnolie, die im Laufe der Jahre nur mannshohe Büsche baut.

Ein Magnolienhain im Blütenschmuck, von der Frühlingssonne durchleuchtet und mit einem himmelblauen See aus der gleichzeitig blühenden *Omphalodes verna* (Gedenkemein) unterpflanzt, das sollte ein Anlaß sein, mit Freunden ein unvergeßliches Fest zu erleben.

Bevor die letzten Blütenblätter der Magnolien fallen, öffnen sich schon die Kelche frühblühender *Rhododendron*-Williamsianum-Hybriden, die, locker und rhythmisch in Gruppen verteilt, unter leichter, sommerlicher Beschattung durch die Magnolien bei gleichen Standortansprüchen gut gedeihen. Anders als die starkwüchsigen Catawbiense-Hybriden bilden die Williamsianum-Hybriden niedrige, halbkegelförmige, dichtlaubige Büsche mit orangefarbenem bis kupferrotem Austrieb. Die Blütenkronen entwickeln große Glocken mit ganz lockerem Aufbau.

Zartrosa und großblumig, mit bronzefarbenem Austrieb rundovaler Blätter ist die *Rhododendron*-Sorte 'Oldenburg' eine ideale Ergänzung der Magnolienblüte, da sie beim Aufblühen gerade noch mit deren weißen Tönen zusammenklingt. Der

152

bekannte Züchter Diedrich Hobbie in Linswege hat viele
Sorten dieser eleganten Rhododendrongestalten herausge-
bracht, deren Farbskala von Zartrosa über Kirschrot bis zu
Gelb reicht. Man kann sie vielseitig verwenden, aber auf
keinen Fall wahllos durcheinander pflanzen. Die Blütezeit
kann mit weiteren Neuheiten dieses begabten Züchters bis
in den Juni hinein verlängert werden: mit harten Wardii-
Hybriden, Sorten von *Rh. insigne* und besonders mit der gelben Discolor-Hybride 'Inamorata' und der rosafarbenen 'Wilhelm Schacht'. Sie sind unschätzbare Bereicherungen unserer
Pflanzengesellschaft. Während ihrer Hauptblütezeit wölben
sich über ihnen neue Blütenschirme. Der Blumenhartriegel
(Cornus florida) ist im Mai mit weißen, *C. florida* 'Rubra'
mit rosaroten Hochblättern überschüttet. In ihrem Schatten-
bereich blühen in lockeren Trupps *Rhododendron*-Repens-
Hybriden; ihre blutroten Blütenstände sitzen so dicht auf,
daß sie das Blattwerk verdecken.
Und dann wiederholt im Juni die Japanerin *Cornus kousa* var.
chinensis das Spiel des Blumenhartriegels mit schneeweißen
Brakteen. Alle Blumenhartriegel begeistern außer durch ihre
Blüte auch durch ihr herbstliches Farbenspiel in Kupfer, Gold
und Violett.
Die zarte Blütenmelodie in der Frühlingszeit und der lockere
Aufbau der gewählten Gehölze fordert einige gewichtige
Schwerpunkte.
Tsuga canadensis (Hemlockstanne) ist sowohl dem eleganten
Habitus als auch dem Standort nach der passende Partner
dieser illustren Pflanzengesellschaft.
Als Unterwuchs sich dieser ganz besonderen Atmosphäre
anzupassen, dazu eignet sich, aufgrund ihrer Struktur wie
kaum eine andere Pflanze, die Elfenblume. *Epimedium pinnatum* 'Elegans' bildet wintergrüne dichte Bestände; im Mai
erscheinen, zart und orchideenhaft, seine Blütenrispen. Unter

153

den Hemlockstannen wächst ein breiter Teppich der Herz-
blume, *Dicentra formosa* 'Bountiful'; der Eindruck ihrer farn-
artigen, blaugrünen Belaubung und herzförmigen, tief dunkelrosa Blüten bleibt, mit kleinen Intervallen, von Mai bis August
wirksam.

Inzwischen haben Farnkräuter ihre vielseitige, graphische
Blattornamentik entwickelt. Besonders vor dem dunklen Rho-
dodendronlaub kommen ihre eindrucksvollen Wedel zu
starker Wirkung. Der Goldschuppenfarn *(Dryopteris borreri
= D. palacea)* öffnet breite, 1 m hohe Trichter; reizvoll ist
sein brauner, fellartiger Austrieb. Ausgesprochen elegant
wirkt der bogig überhängende Breitwedelfarn *(D. dilatata)*.
Der Rotschleierfarn *(D. erythrosora)* treibt seine jungen, röt-
lichbraunen Wedel aus flach ausgebreiteten Nestern. Üppige,
saftgrüne, hohe Wedel entwickelt die Wurmfarnsorte *D. filix-
mas* 'Barnesii'. Alle überragt der Riesenwurmfarn *(D. goldiana)*. Seine dekorativen, bis zu Augenhöhe reichenden Wedel überschirmen die Gesellschaft der geheimnisvollen Pflan-
zenwesen der Farnwelt. Ein ganzer Garten könnte, bei geeigneten Bedingungen, von ihnen allein eingenommen werden, ohne daß es gelingen würde, ihre Vielfalt voll auszuschöpfen.

Bei der Zusammenstellung der Pflanzengesellschaft für diese
Gartenform auf saurem Boden fühlt man sich unversehens
an das Programm eines Varietés erinnert: Es gibt in den Pausen
keine Pause. Wenn Magnolien, Rhododendron und Blumenhartriegel verblühen, beginnt bereits eine neue Vorstellung.
Es ist die Zeit der Etagenprimeln. Fußhohe Blütenquirle in
rötlichen Tönen entfaltet im Mai die Japanprimel *(Primula
japonica)* zwischen den sich aufrollenden Farnwedeln. Im
Juni folgt *Primula beesiana* mit lilapurpurnen Blütenbällen
und orangegelbem Auge. Mit einer ganzen Farbpalette in gelben bis orange, roten bis violetten Tönen bringt die *Primula-*

Bullesiana-Hybride, die Terrakottprimel, Atmosphäre in diesen besonderen Garten.

Alle diese Primeln müssen in solchen Massen auftreten, daß der ganze Raum von ihnen erfüllt ist; erst dann vermag man ihre volle Wirkungsmöglichkeit zu erleben. Selbst wenn einige Arten nur wenige Jahre durchhalten, sorgen sie doch durch Aussaat immer wieder für Nachfolger, wenn ihnen der Standort zusagt.

Vor den dunklen Hemlockstannen erscheinen im Juli plötzlich flach gewölbte Doldenrispen mit hellvioletten und weißen Randblüten, die Strauchhortensie *(Hydrangea aspera* ssp. *sargentiana)*. Mit fast tropisch-üppiger Belaubung ist sie in dieser Gesellschaft, deren Standortansprüche sie teilt, eine faszinierende Gestalt.

Der Sommer klingt aus, wenn große Scharen von Japananemonen *(Anemone-*Japonica-Hybriden) mit weißen, rosafarbenen und roten Blütenschalen den Magnolienhain durchleuchten.

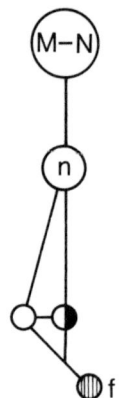

VEGETATIONSBILD 21

Pflegeleichte Pflanzung aus Sträuchern und Stauden

Kolkwitzia amabilis
Halesia carolina var. *monticola*
Exochorda racemosa
Holodiscus discolor
   var. *ariifolius*

Geranium platypetalum
Hemerocallis minor
Iris sibirica 'Papillon'
– – 'Picanock'
– – 'Tunkhannok'
Aruncus dioicus (A. sylvester)
Lysimachia punctata
Papaver orientale 'Olympia'
Campanula latifolia
   'Macrantha'
Hosta ventricosa
Ligularia tangutica

Zum Vegetationsbild 21
gehören die Farbbilder 24, 25, 26 und 27
auf Seite 141

156

Es gibt Situationen, besonders in öffentlichen Grünanlagen und Pflanzflächen innerhalb von Wohnsiedlungen, in denen bei geringstem Pflegeaufwand ein Optimum an Wirkung geboten werden soll. Das setzt natürlich eines voraus: alle gewählten Arten müssen so robust und lebenskräftig sein, daß sie durch schnelle Entwicklung und starke Wüchsigkeit den Kampf gegen Verkrautung, abgesehen vom Pflanzjahr, selber übernehmen können.

In dieser Kombination wird eine Pflanzengesellschaft vorgeschlagen, die auf nährkräftigem, gut vorbereitetem, anlehmigem Boden ihr Wachstumsoptimum findet. Auf sandigen, leichten Böden müssen dem Standort angepaßte, andere Gesellschaften entwickelt werden.

Geranium platypetalum (Storchschnabel) bildet fußhohe, dicht belaubte Blattschöpfe, die den Boden beschatten, daß Saatunkräuter nicht auflaufen können. Es wird breitflächig gepflanzt und kombiniert mit Trupps der früh blühenden Taglilie *Hemerocallis minor,* deren lichtgelbe Blüten im Juni auf dem strahlend blauvioletten Untergrund des blühenden Storchschnabels wie flimmernde Sonnenflecke erscheinen. Um die gleiche Zeit öffnen sich die feingeschnittenen, an langen Stielen schwebenden Blüten der Steppeniris *(Iris sibirica).* Diese entwickelt meterbreite Grasbulten, die mit ihrer Braunfärbung und ihren Fruchtständen selbst noch im Winter ein wirkungsvoller Schmuck sind. Hellblau blüht 'Papillon', dunkelblau 'Picanock', weiß 'Tunkhannok'. Bekrönt wird der Flor mit seinem Spiel violetter, hell- und dunkelblauer Töne durch die dekorative Solitärstaude *Aruncus dioicus (A. sylvester),* der Geißbartspiräe, mit filigranhaften, schaumigweißen Blütenrispen. Sie stehen in Wechselwirkung mit den Blüten eines der schönsten mittelhohen Gartensträucher, der *Kolkwitzia amabilis,* die von glockenförmigen, rosa Blüten mit gelbem Schlund kaskadenhaft überschüttet ist. Ihr Farbton klingt

157

harmonisch mit dem Spektrum der übrigen Farben zusammen.

Baumartig wächst die Silberglocke *(Halesia carolina* var. *monticola).* Ihre lockere Verzweigung hängt mit weißen Schneeglockenblüten über dem violetten Untergrund der Geranien. Schon etwas früher hat ihr Nachbar, der Perlstrauch *(Exochorda racemosa),* die traubenförmigen Blütengehänge mit großen, weißen Sternblüten geöffnet.

Die Sommerblüte zeigt ein anderes Farbenmuster. Hohe gelbe Blumensträuße entwickelt der Felberich *(Lysimachia punctata),* der bei seinem starken Ausbreitungsdrang mit jedem Unkraut fertig wird. Mit dem Türkischen Mohn *(Papaver orientale* 'Olympia') setzen wir flammend rote, mit der Waldglockenblume *(Campanula latifolia* 'Macrantha') blauviolette Töne dazu. *Hosta ventricosa* (Funkie) faßt mit breiten Blättern und violetten Blütenständen die sommerlichen Farben zusammen und wird überschirmt von den zierlichen Rispen der im Juli/August blühenden Scheinspiere *(Holodiscus discolor*

VEGETATIONSBILD 23

Farbbild 30. *Scirpus lacustris* baut mannshohe Horste mit dunkelgrünen, dekorativen Halmen aus dem Teichgrund heraus. Dreigeteilte Blätter an langen Ranken mit feingeschnittenen weißen Blüten entwickelt *Menyanthes trifoliata.* Ihr Ausbreitungsdrang muß im Frühling gesteuert werden.
Farbbild 31. In kurzer Zeit kann *Hippuris vulgaris* mit kleinen „Tannenbäumchen" eine Sumpfecke ausfüllen.

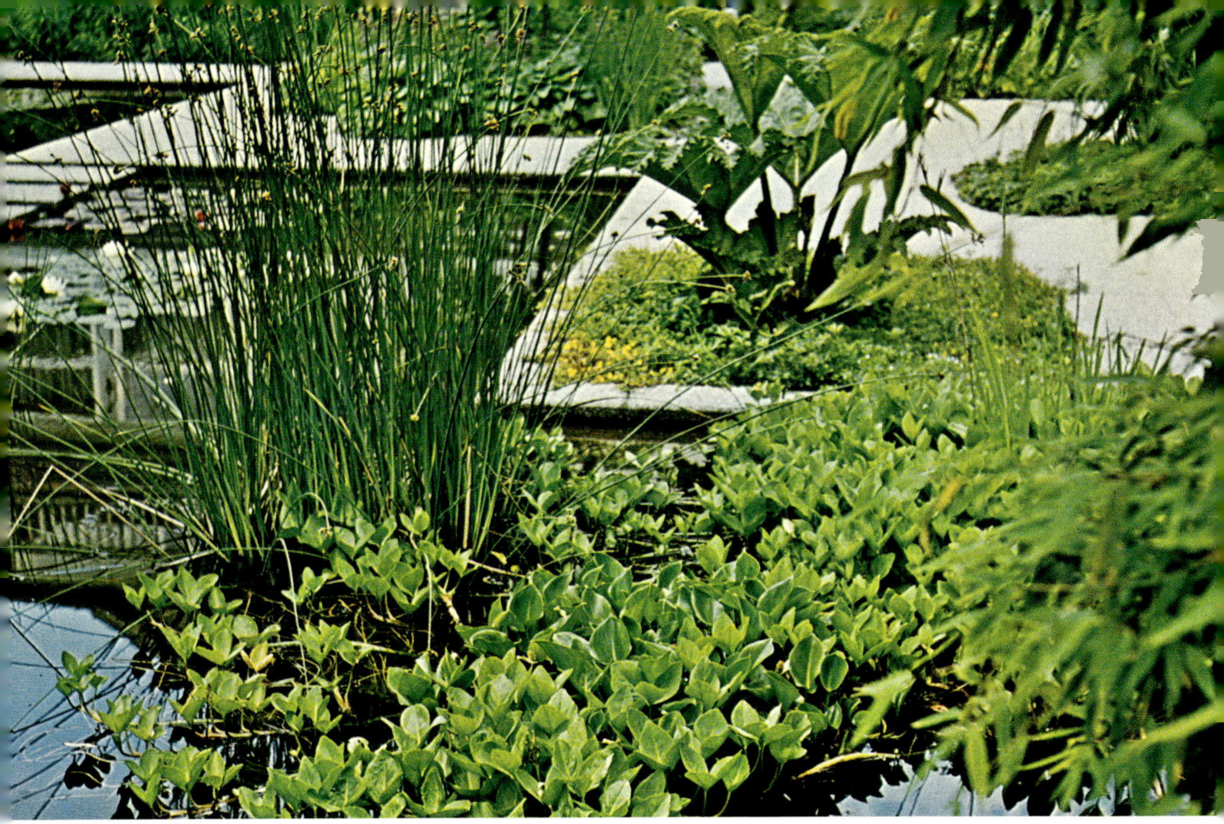

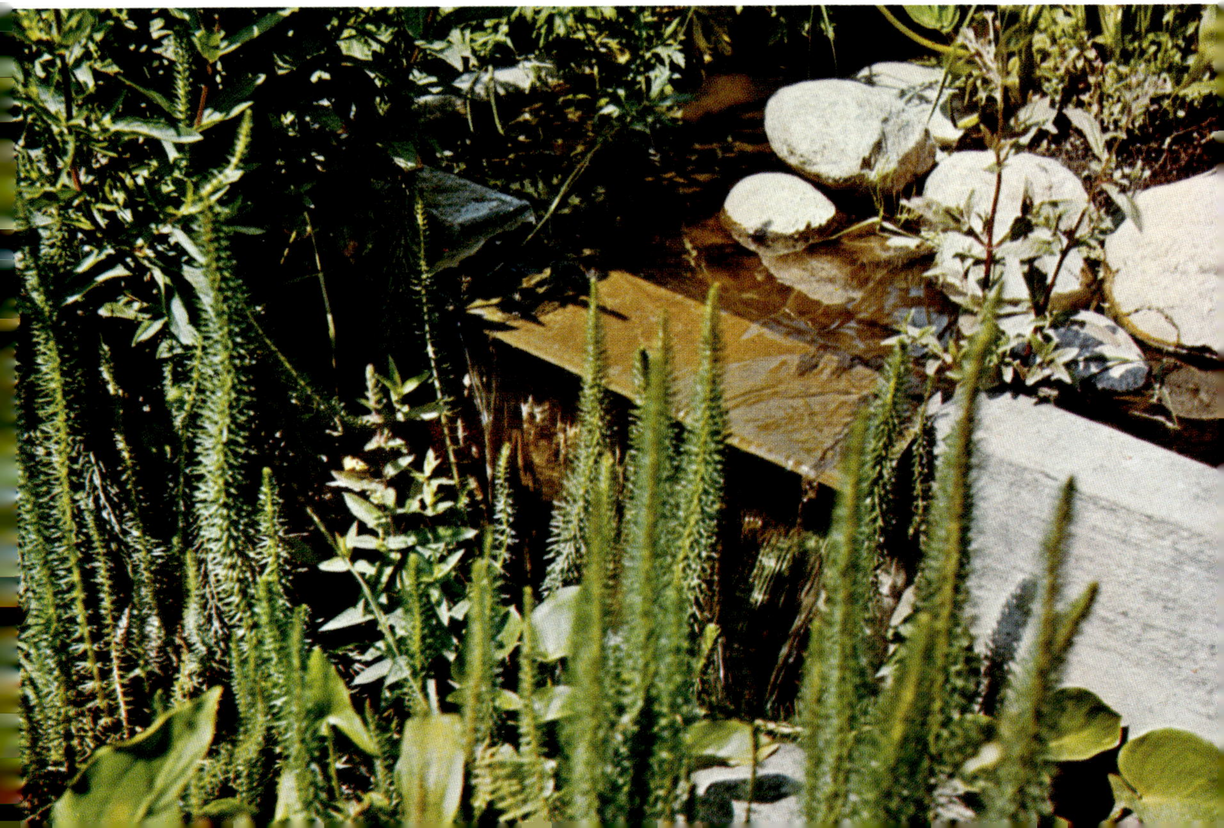

var. *ariifolius),* die mit elegantem Schwung ihre Zweige aus-
breitet. Die zu dieser Gesellschaft gehörende *Ligularia tangutica* füllt mit ihren gelben Blüten die letzten Monate des
Jahres aus.

Die Pflegearbeiten dieser Pflanzenkombination beschränken
sich auf das Herunterschneiden der Blütenstiele und des Laubes vor dem Neuaustrieb im Frühjahr. Dies sollte aber nur
so weit geschehen, als die Pflanzen sonst einen unansehn-
lichen Anblick bieten würden. Das Laub, z. B. von *Geranium,*
sollte weder zurückgeschnitten noch beseitigt werden. Nicht
nur schützt es den Wurzelbereich im Winter, darüber hinaus
bildet es eine Mulchdecke, die, besonders durch Regenwurm-
arbeit, humifiziert wird.

So entsteht eine Jahr um Jahr stärkere Humusdecke. Wenn
dann noch Dünger eingestreut werden, vor allem organische
oder mineralische, so ergeben sich ideale Wachstumsvoraussetzungen, und gleichzeitig wird der Unkrautbefall in der
Pflanzung verhindert.

VEGETATIONSBILD 23

Farbbild 32. Die kostbare Wirkung der *Iris germanica* (Barbata-Elatior-
Gruppe) wird noch gesteigert, wenn sie vom geschlitzten, rotblättrigen Laub
des *Acer palmatum* 'Atropurpureum' überschirmt wird. *Chamaecyparis
obtusa* 'Nana Gracilis' gibt dunkelgrünen Kontrast.

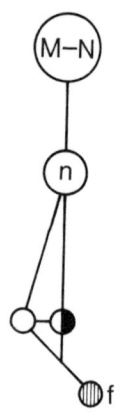

VEGETATIONSBILD 22

Erlen, Weiden, Sumpfzypressen und ihre Begleiter

Alnus glutinosa
Salix alba 'Sericea'
– acutifolia 'Pendulifolia'
– × smithiana
– cinerea
Taxodium distichum

Matteuccia struthiopteris
Dryopteris filix-mas
Osmunda regalis
Dactylorhiza (Orchis) maculata
Ajuga reptans
Lysimachia nummularia
Myosotis palustris
Ranunculus aquatilis
Hottonia palustris
Petasites japonicus 'Giganteus'
Humulus lupulus
Sagittaria sagittifolia
Butomus umbellatus
Alisma plantago-aquatica
Equisetum telmateia
  (E. maximum)
Pontaderia cordata
Thalictrum aquilegifolium
Eupatorium cannabinum
Iris sibirica
Trollius europaeus
Filipendula ulmaria

Zum Vegetationsbild 22
gehören die Farbbilder 28 und 29
auf Seite 142

162

1 *Alnus glutinosa*
2 *Salix alba* 'Sericea'
3 *Petasites japonicus* 'Giganteus'
4 *Dryopteris filix-mas*
5 *Ajuga reptans*
6 *Iris sibirica*
7 *Trollius europaeus*

Es ist merkwürdig: Viele Menschen, die das Glück haben, ein Grundstück in bevorzugter Lage, mit ausgesprochener Eigenart – und gerade wegen dieser Eigenart – zu erwerben, leiten als erste Maßnahme die Zerstörung des bestehenden Zustandes ein; sie folgen einer vorgefaßten Gartenschablone, statt umgekehrt eben diese Eigenart zum Ausgangspunkt einer sinnvollen Gestaltung zu machen. Das gilt besonders für Grundstücke, die an feuchte Auenwiesen angrenzen. Sie sind locker bestanden von Erlentrupps *(Alnus)*; Sumpfdotterblumen *(Caltha palustris)* umsäumen schmale Rinnsale, und ein rosenroter Schaum der Kuckuckslichtnelke *(Lychnis floscuculi)* überzieht den Wiesengrund. Rohrkolben *(Typha latifolia)* mit dekorativen braunen Blütenkolben deuten Wasserlöcher an.

Weit verbreitet ist die Meinung, solche Grundstücke seien ungeeignet für Gartennutzung, und dann werden sie mit Bauaushub und Massen angefahrenen Füllbodens unter hohem Kostenaufwand verschüttet und ausgelöscht. Statt der lebendigen, natürlichen Vegetation wird langweiliger Schurrasen mit Rabatten aus Allerweltsstauden angelegt. Und dabei könnten mit Phantasie alle scheinbar negativen Voraussetzungen zu eindrucksvollen Garten- und Parkwirkungen gesteigert werden.

Gartengestaltung ist, wie immer wieder betont, das Erkennen und Steigern natürlicher Gegebenheiten. Der Garten wird losgelöst von begrenzten Vorstellungen, er wird Teil der Umwelt und Erlebnisbühne auf ganz anderer Ebene. In diesem Beispiel wird die wassergesättigte Atmosphäre, das Üppige, Grüne, Vitale zum Ausgangspunkt der Gestaltung.

Statt Kies- und Pflasterwege führen schmale Bohlenstege aus Kant- und Rundholz über Sumpf und Graben. An geeigneten Plätzen werden sie zu Bohlensitzplätzen erweitert. Querverbindungen bilden eingelassene Säulen, die als Trittsteine

164

dienen. Rhythmisch im Raum verteilt, wird das Wasser in flachgründigen Tümpeln gesammelt. Pflanzinseln verschiedener Höhe und Größe schaffen wir mit dem anfallenden Aushub. Das Wechselspiel mit Kuppen, Tümpeln und Stegen schafft eine ungewöhnliche Gartensituation. Für das Leitmotiv „Sumpfwiese" gibt es zahllose geeignete Pflanzenarten, um überzeugende, auf den Standort bezogene Vegetationsbilder zu entwickeln. Ob Kulturpflanzen oder nichtheimische Arten eingefügt werden können, ist abhängig von der gegebenen Lage. Je mehr ein solcher Gartenraum Bestandteil einer freien Landschaft ist, um so mehr bestimmt die heimische Flora das Vegetationsbild. Mehr oder weniger geschlossene Gartenräume im Bereich der Bebauung lassen der Pflanzenanwendung einen weiten Spielraum. Es sind sehr feine Grenzen, die man einhalten muß, um Mißklänge zu vermeiden.

In allen Fällen aber darf hier kein Garten mit Blumenrabatten und Rasenflächen entstehen, sondern ein wechselvolles, naturnahes Vegetationsbild, das, aus den Standortfaktoren heraus entwickelt, mit immer neuen Überraschungen im Ablauf der Jahreszeiten den Geist des Ortes sichtbar werden läßt. Raumbestimmend kann hier die Erle *(Alnus glutinosa)* werden. Mehrstämmige Büsche bekrönen die Kuppen aufgeworfener Hügel einzeln oder in lockeren Trupps. Besonders Erlen werden ausdrucksvolle Gestalten. Den Winter über kommen ihr malerischer Habitus und das Filigran ihrer Zweige, besetzt mit dunklen Fruchtzapfen, als starker graphischer Effekt zur Geltung. Im Wurzelbereich der Erlen stocken leuchtend grüne, grazile Wedel des Becherfarns *(Matteuccia struthiopteris)*. Durch Ausläufer überziehen die grünen Schöpfe die Geländekuppen in kurzer Zeit. Unter anderen Erlengruppen herrschen die langen Wedel des Wurmfarns *(Dryopteris filixmas)*. Truppweise und einzeln wachsen an den Rändern der Tümpel und auf kleinen, bis ins Wasser reichenden Bulten die monumentalen Gestalten des Königsfarns *(Osmunda regalis)* bis fast in Augenhöhe. In ihrem Wurzelbereich gedeiht ausgezeichnet unsere heimische Orchidee, das Gefleckte Knabenkraut *(Dactylorhiza maculata = Orchis maculata),* mit purpurroten Blütenständen.

Wo Farne beherrschend auftreten, ahnt man etwas von ferner Vergangenheit, in der riesige Farnwälder unser Landschaftsbild bestimmten.

Der feuchte Wiesengrund aus Seggen ist durchsetzt mit bronzefarbenem Laub der blauen Blütenkerzen des Günsels *(Ajuga reptans),* durchflochten mit den Ranken des Pfennigkrauts *(Lysimachia nummularia),* das pfenniggroße Blütensterne entwickelt und sich mit den himmelblauen Blüten des Sumpfvergißmeinnichts *(Myosotis palustris)* verbindet.

Auf den dunklen Wasserflächen schimmert eine ganze Schar von schneeweißen Wasserhahnenfuß *(Ranunculus aquatilis),* während an den Tümpelrändern die rosafarbenen Blütenstände der Wasserprimel *(Hottonia palustris)* herausragen. In prächtigem Kontrast zum dunkelgrünen Erlenlaub steht das blitzend silbergraue Laub der Silberweide *(Salix alba* 'Sericea'). Sie bildet mächtige, breitkronige Bäume. Da sie stehendes Grundwasser verträgt, kann sie direkt in sumpfige Auen gepflanzt werden.

In kleineren Trupps sind sie benachbart mit strauchigen Weiden: *Salix acutifolia* 'Pendulifolia', im Vorfrühling bestückt mit zahlreichen, silbrig glänzenden Kätzchen, die bei *S.* × *smithiana* sehr groß und ausgesprochen dekorativ sind, schließlich *S. cinerea,* gedrungen wachsend, mit graufilzigen Blättern. Die ganze Weidengesellschaft wird zusammengefaßt durch einen breiten Saum aus Pestwurz *(Petasites japonicus* 'Giganteus'). Schon im Vorfrühling brechen noch vor dem Laub die interessanten Blütenstände aus der nassen Erde und verbreiten einen eigenartigen Honigduft. Erst nach der

166

Blüte entfalten sie riesige, meterhohe dekorative Blattschirme – ein Bild ungehemmten, vitalen Wachstums. Dieser fast tropische Eindruck wird noch verstärkt, wenn wilder Hopfen *(Humulus lupulus)* das Weidengebüsch durchspinnt.

In den Tümpeln spiegelt sich weißblühendes Pfeilkraut *(Sagittaria sagittifolia)* gemeinsam mit rosafarbenen Blütenständen der Schwanenbinse *(Butomus umbellatus)* und des Froschlöffels *(Alisma plantago-aquatica)*. Wasserkäfer, Teichläufer und Stichlinge vermitteln dem Betrachter weltentrückte Stunden, die man sonst nur in den Ferien erlebt.

Eine Pflanzengruppe von ganz besonderem Reiz entwickeln wir dort, wo keine unmittelbare Berührung mit der offenen Landschaft besteht. Die Sumpfzypresse *(Taxodium distichum)* liebt gleichfalls einen hohen Wasserstand. Ihr kegelförmiger Kronenaufbau, die zierlichen, frischgrünen Nadeln und ihre rotbraune Rinde machen sie zu einer urwüchsigen Gestalt. Im Herbst verfärben die Nadeln kupferbraun und fallen ab. Dichte Horste des Sumpfschachtelhalmes *(Equisetum telmateia = E. maximum)* in ihrem Wurzelbereich wachsen bis in die nasse Sumpfzone; sie sind Relikte, die in grauer Vorzeit die Erde mit Riesenwäldern überzogen, zu einer Zeit, als noch Saurier und Riesenechsen auf ihr lebten. Fahlgelbe Sprosse treiben sie im Frühling aus schlammigem Grund; im Laufe des Sommers erreichen sie eine beträchtliche Höhe. Die gegliederten Blattstiele sind mit zierlichen, spiralig angeordneten Blattquirlen besetzt. Ihre ungewöhnlich ausdrucksvolle Architektur und grazile Belaubung korrespondieren prächtig mit dem Laub der Sumpfzypressen.

Im Tümpel leuchten die hellblauen Blütenkolben des Hechtkrautes *(Pontaderia cordata)* über den ornamentalen lackgrünen Blattspreiten. Am Uferrand wächst die Wiesenraute *(Thalictrum aquilegifolium),* aus deren schöner Blattrosette ein hoher, reichverzweigter Blütenschaft mit blaßvioletten

Blüten aufsteigt. Bis in das saftige Grün der Sumpfzypressen reichen die Dolden des rosarot blühenden Wasserdosts *(Eupatorium cannabinum)*. In großen Trupps wachsen im Wiesengrund Sibirische Schwertlilien *(Iris sibirica)* und krem-weißes Mädesüß *(Filipendula ulmaria)*. Sie sind durchsetzt mit Horsten der Trollblumen *(Trollius europaeus),* die mit ihren goldgelben Blütenkugeln in schönem Zusammenklang die Juniwochen ausfüllen.

Man sitzt im Schatten der Bäume auf dem Bohlensteg. Das transparente Bild der Sumpfzypressen spiegelt sich in dunklen Tümpeln, die von Fröschen, Salamandern und Molchen be-völkert sind. Es gehört nicht viel Phantasie dazu, sich in längst vergangene Zeiten zu versetzen.

Entscheidend für die Wirkung des Gesamtbildes ist die Struk-tur der nicht bepflanzten Zwischenflächen. Ein Schurrasen wäre hier ein unmöglicher Stilbruch, der die Atmosphäre völlig zerstören würde. Diese Freiflächen müssen Wiese sein. Zur Erhaltung der an solchen Standorten in kurzer Zeit auf-tretenden heimischen Wiesenblumen und Kräuter darf, um ihre natürliche Verjüngung durch Selbstaussaat zu erreichen, erst nach dem Saatausfall gemäht werden. Da Bohlenstege nur über Sumpfflächen erforderlich sind, können weitere Auf-schließungswege in trockeneren Bereichen in ausreichender Breite mit der Maschine kurz gehalten werden, um das Herun-tertreten der Grashalme zu vermeiden. Statt des arbeitsauf-wendigen Rasens entwickelt sich in den Wiesenflächen in kurzer Zeit eine lebendige standortgerechte Lebensgemein-schaft mit wechselnden Eindrücken, die ohne großen Auf-wand Erlebniswerte vermittelt. Eine blühende Wiese aus Schaumkraut, Dotterblumen, Beinwell und Knabenkraut ist überzeugender als eine gepflegte Rasenfläche, die hier den Eindruck machen würde, als wäre sie grün angestrichen.

Kein Garten üblicher Prägung kann unter diesen Voraussetzungen ein Äquivalent sein für die Vielzahl ständig wechselnder Eindrücke und erlebnisreicher Stunden am frühen Morgen, im hellen Sonnenschein, im Herbstnebel und selbst im Winter, wenn der Rauhreif alles mit seinem Glanz überzieht. Ein solches Stückchen Erde wird immer ein nachhaltiges Erlebnis sein. Ist erst einmal alles zusammengewachsen, so bedarf es nur geringfügiger erhaltender Pflegemaßnahmen.

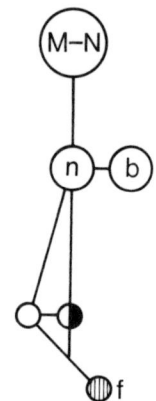

VEGETATIONSBILD 23

Tropische Üppigkeit im gemäßigten Klima

Aristolochia macrophylla
  (A. durior)
Hydrangea anomala
  ssp. petiolaris
Vitis coignetiae
Ailanthus altissima·
Rhus typhina 'Laciniata'
Catalpa bignonioides
Aesculus parviflora
Aralia elata

Orontium aquaticum
Lysichiton americanus
– camtschatcensis
Calla palustris
Hippuris vulgaris
Rumex hydrolapathum
Hottonia palustris
Iris sibirica 'Mountain Lake'
– – 'Perrys Blue'
– – 'Caesars Brother'
– – 'White Swirl'
Thalictrum aquilegifolium
Iris kaempferi
Nymphaea
Miscanthus sacchariflorus
Kniphofia-Hybride
  'Bernocks Triumph'
Anemone-Japonica-Hybride
  'Honorine Jobert'
Brunnera macrophylla
Euphorbia epithymoides
  (E. polychroma)
Fritillaria imperialis
Ligularia przewalskii
Filipendula rubra 'Venusta'
Primula rosea 'Grandiflora'
Rodgersia aesculifolia
Primula florindae
Gunnera tinctoria (G. chilensis)
Miscanthus sinensis 'Giganteus'
Ligularia dentata 'Othello'
Astilboides (Rodgersia) tabularis
Hosta lancifolia
– sieboldiana

Zum Vegetationsbild 23
gehören die Farbbilder
30, 31 und 32
auf Seite 159 und 160

1 *Ailanthus altissima*
2 *Catalpa bignonioides*
3 *Miscanthus sinensis* 'Giganteus'
4 *Gunnera tinctoria*
5 *Kniphofia*-Hybride 'Bernocks Triumph'
6 *Ligularia*
7 *Iris kaempferi*
8 *Nymphaea*

Das Beispiel der Sumpfwiese und ihrer Pflanzen erfordert schon einen etwas größeren, mehr parkartigen Raum, um seine Wirksamkeiten voll auszuschöpfen. Es gibt aber nur wenige vom Glück begünstigte Menschen, die darüber verfügen. Und doch bietet auch ein kleinerer Gartenraum die Möglichkeit, vitale Wachstumsfaktoren sichtbar zu machen, wenn alle vorhandenen Voraussetzungen aktiviert werden. Wer das Glück hat, in seinem Garten fruchtbaren Boden, reichlich natürliche Feuchtigkeit, volle Sonneneinstrahlung und daraus resultierende Wärmespeicherung vorzufinden oder durch entsprechende Maßnahmen zu schaffen, sollte aus diesen Gegebenheiten heraus seine Gartenform entwickeln. Auf fruchtbarem, feuchtem Boden in geschützter Lage einen Stein-, Heide- oder Trockenheitsgarten zu schaffen, bedeutet einen Verstoß gegen die elementaren Gestaltungsgrundsätze unserer Eingangsbetrachtung. Es gibt zahlreiche Pflanzenerscheinungen, die unter solchen Bedingungen Vegetationsbilder möglich machen, die ein Optimum von Wachstumsleistungen der Pflanzen, auch in unserem Klima, darstellen. Ihre eindeutige und kompromißlose Verwendung ergibt Gärten voll überzeugender Ausdruckskraft.

Ein mittelgroßer, von hohem Schutzzaun umschlossener Gartenraum ist unsere Bühne. Schon die Behandlung der Raumbegrenzung ist auf das Grundthema „Üppiges Wachstum" abgestimmt.

Die Pfeifenwinde aus Pennsylvanien *(Aristolochia macrophylla = A. durior)* ist ein Kletterstrauch, der seine herzförmigen Blattflächen wie Dachziegel übereinander legt und in manchen Jahren purpurne Pfeifenblüten entwickelt. Die stark wachsende Kletterhortensie *(Hydrangea anomala* ssp. *petiolaris)* läßt tropisch anmutende Luftwurzeln aus der Höhe herunterpendeln; im Juni ist sie mit lockeren, breiten Blütendolden bedeckt. Die Rebe *Vitis coignetiae,* die sich im Herbst

172

orangerot verfärbt, bildet großblättriges Weinlaub und vermittelt den Eindruck der „grünen Hölle" schon von außen. Dieser grüne Vorhang ist ein vollkommener Sicht- und Windschutz; er verleiht das Gefühl der Geborgenheit – und dies alles bei geringsten Platzansprüchen für den Garten. Das Innenraumthema und damit die Atmosphäre sind auf Leuchtendgrün, Großblättrig, Saftig und Üppig abgestimmt. Hier ist nicht die Blütenwirkung primär. Bunte Blumenbeete wären eine empfindliche Störung der Gesamtkonzeption (wenngleich viele der hier möglichen Pflanzen eine beachtliche Blütenwirkung entfalten).

Der Garten ist als großräumige, durchgehend gepflasterte Wohnterrasse ausgebildet. In verschieden große Pflasteraussparungen sind Pflanzeninseln oder Wassertümpel angelegt. Diese transparente Gartenlösung erlaubt es, an den attraktiven Punkten Gartenstühle aufzustellen und betrachtend zu verweilen. Durchblicke und Überschneidungen ergeben unwahrscheinliche Raumtiefen mit ständig wechselnder Wirkung. Die in lockerer Gruppierung über den Raum verteilten Tümpel schaffen mit ihrem Plätschern und Spiegeln eine ganz besondere Atmosphäre. In der erhöhten Luftfeuchte gedeihen kostbare Pflanzengestalten. Die Goldkeule *(Orontium aquaticum)* entwickelt goldgelbe Blütenstiele, die aussehen wie züngelnde Schlangen. Das Aronstabgewächs *Lysichiton americanus* formt gelbe, phantastische Blütengebilde und riesige Blattürme, die über dem Wasserspiegel aufsteigen. Ihre Verwandte *L. camtschatcensis* macht das gleiche Spiel mit weißen Blütenscheiden.

Die Schlangenwurz *(Calla palustris)* kriecht durch die dichten Bestände des zierlichen Tannenwedels *(Hippuris vulgaris)*. Schwertförmige Blattspreiten entwickelt der Sumpfampfer *(Rumex hydrolapathum);* im Herbst verfärben sie sich rostbraunrot. Die Wasserfeder *(Hottonia palustris)* läßt im Frühling ihre rosaroten Blütenstiele aus feingliedrigen Watten über den spiegelnden Wasserflächen schweben. Das Klingeln der Unken, das Quaken der Frösche und der Flug der Libellen sind Zugaben, die uns die Natur ohne unser Zutun schenkt. An den Uferrändern ist das Reich der Iris – hier der *Iris sibirica* mit ihren Gartensorten, wie die lichtblaue 'Mountain Lake', die klarblaue 'Perrys Blue' oder die tiefviolette 'Caesars Brother'. Setzen wir die hohe weiße 'White Swirl' dazu, so sollten sie zur Blütezeit die Raumwirkung bestimmen. Ihre Dominanz wird von einigen Amstelrauten *(Thalictrum aquilegifolium)* unterstrichen. Sobald diese verblüht sind, öffnen sich am Uferrand oder auf kleinen bultenartigen Inseln die fast traumhaften Blütengebilde der Japaniris *(Iris kaempferi)*. Die Schönheit dieser in zahlreichen Sorten gezüchteten Pflanzen läßt sich kaum beschreiben. Ihre Blütezeit ist der Höhepunkt eines solchen Gartens. Blaßviolett, dunkelblau, weiß und rosa, getigert, gestrichelt und getuscht zeigen sie immer andere Variationen, die ein reizvolles Wechselspiel mit den Blüten der Seerosen und dem Spiel der Goldfische eingehen. Seerosen *(Nymphaea)* in Weiß, Rosarot, Gelb und Kupfer bewahren den ganzen Sommer über ihren geheimnisvollen Blütenzauber, den erst frühe Fröste beenden.

Über das ganze sommerliche Schauspiel wölbt sich das Blätterdach des Götterbaumes *(Ailanthus altissima)*.

Der Name „Götterbaum" bedarf eigentlich keiner weiteren Erläuterung. Sein relativ schnelles Jugendwachstum, seine langen Fiederblätter, die zauberhaften Gehänge der Fruchtstände schaffen eine ungewöhnliche Gartenatmosphäre. Der Götterbaum ist eine Persönlichkeit für fruchtbare Gartenstandorte.

Rhus typhina 'Laciniata', der Geschlitztblättrige Hirschkolbensumach, steht darunter wie ein Riesenfarnkraut; goldgelb, orange und kupferbraun verfärbt er sich im Herbst. Die sil-

174

bernen Fruchthalme des Chinaschilfs *(Miscanthus sacchariflorus)* ragen zusammen mit den leuchtend orangefarbenen Blütenkolben der Fackellilien *(Kniphofia*-Hybride 'Bernocks Triumph') und mit weißen Japananemonen *(Anemone-*Japonica-Hybride 'Honorine Jobert') aus diesem Dickicht heraus. Darüber erheben sich die dekorativen langblättrigen Aralien *(Aralia elata)*. Im Frühling strahlt der Untergrund von himmelblauen Kaukasusvergißmeinnicht *(Brunnera macrophylla)*, durchsetzt mit lindfarbener Staudenwolfsmilch *(Euphorbia epithymoides = E. polychroma)*. *Fritillaria imperialis*, die Kaiserkrone, schwingt ihre wohlgeformten braunen und gelben Blütenglocken in den ersten Maitagen als Frühlingsgeläut.

Die Sommermonate sind erfüllt von den ausdrucksvollen Gestalten der *Ligularia przewalskii*. Aus einem Schopf tief eingeschnittener Blätter steigen fast mannshohe, schmale zitronengelbe Blütenkerzen.

Fremdländischen Zauber vermittelt die charaktervolle Gestalt des Trompetenbaumes *(Catalpa bignonioides)*. Aus großen herzförmigen Blättern entwickeln sich im Juni phantastische weiße Blütenkerzen mit violettem Schlund. In ihrem lichten Schatten wächst eine Kostbarkeit: die Strauchkastanie *(Aesculus parviflora)*, ein rundlicher, breit wachsender Busch mit dekorativem Blattwerk. Zierliche, pyramidale Rispenblüten schmücken ihn wie Tannenbaumkerzen. Er muß Halbschatten, nährkräftigen Boden und ausreichend Raum haben, um sich zu voller Schönheit entwickeln zu können. Die Spierstaude *(Filipendula rubra* 'Venusta') blüht mit rosaroten Blütendolden zur gleichen Zeit. Diese Gruppe wächst auf einer flachen Bodenwelle, die aus einem Tümpel herausmodelliert und mit *Rodgersia aesculifolia* bepflanzt ist. Ihre kastanienähnlichen Blätter wiederholen die Blattstruktur der Strauchkastanie. Ihre weißen hohen Blütenstände sind Filigranarbeit.

175

Im Frühling leuchten dazwischen die rubinroten Flecke der Rosenprimel *(Primula rosea* 'Grandiflora'). Ihr folgen die Sumpfprimeln *(P. florindae),* die auf kniehohen Stielen gelbe Blütenkronen tragen.

Im Sichtbereich des Hauses steht *Gunnera tinctoria (G. chilensis),* das Mammutblatt, breit und mächtig wie ein Turm. Über langen, bedornten Stielen breiten riesige Rhabarberblätter natürliche Gartenschirme aus. Wenn man an heißen Tagen seinen Gartenstuhl in den Schatten dieser Mammutgestalten hineinschiebt, ist die Illusion tropischer Umwelt vollkommen, besonders wenn im Hintergrund übermannshohes Chinaschilf *(Miscanthus sinensis* 'Giganteus') raschelt, zwischen dem *Ligularia dentata* 'Othello' goldene Blütensträuße über bronzefarbenem Blattwerk entfaltet und die kreisrunden Blatteller der *Astilboides (Rodgersia) tabularis* tropischen Überschwang anklingen lassen. Den Untergrund modellieren unverwüstliche *Hosta lancifolia,* eine Funkie, die schmale Blätter hat, aber dichte Bodenteppiche entwickelt und deren Wirkung durch einige plastische Trupps der stahlblauen Blattschöpfe der Blaublattfunkie *(H. sieboldiana)* unterstrichen wird.

Im Gegensatz zu den Vegetationsbildern auf armen Böden, die auf wenige Arten beschränkt sind, tritt im üppigen Garten eine Fülle von Erscheinungen auf. Naturgemäß bewirken optimale Daseinsbedingungen eine Steigerung der Artenzahl. Eine Beschränkung auf wenige Arten könnte das Thema nicht ausschöpfen. Die große Meisterin Natur zeigt uns in allen Situationen den richtigen Weg.

Register der Pflanzennamen

Die Ziffern beziehen sich auf die Nummern der Vegetationsbilder; Kursivschrift verweist auf eine Zeichnung dazu. Farbbilder sind mit der Seitenzahl aufgeführt.

186

Freilandsukkulenten

Von F. Köhlein, Bindlach
284 Seiten mit 105 Farbfotos und 47 Zeichnungen
Ln. mit Schutzumschlag DM 78,-

Dieses erste große Werk über die Garten-Sukkulenten (Sempervivum, Jovibarba, winterharte Kakteen, Sedum, Rhodiola, Lewisien und andere harte Sukkulenten) soll keine Monographie im streng botanischen Sinn sein, sondern vornehmlich ein Gartenbuch für Fachleute und Liebhaber. In diesem Sinne ist auch die Illustration und Ausstattung angelegt.

Bäume und Sträucher im Garten

Von Prof. Dr. R. Hansen, Freising-Weihenstephan, und
Gartenarchitekt F. Stahl, Nürnberg
238 Seiten mit 64 Farbfotos und 61 Zeichnungen
Kst. mit Schutzumschlag DM 38,-

Ausgerüstet mit einer Fülle von Plänen und Zeichnungen sowie annähernd 60 Pflanzenlisten, ist dieses Werk dazu bestimmt, die Kenntnisse über Eigenarten, Ansprüche und Verwendungszwecke der Gehölze zu vertiefen. Dabei wird mit überkommenen Vorstellungen gebrochen und die Gehölzverwendung auf neue Grundlagen gestellt.

Verlag Eugen Ulmer   **7000 Stuttgart 1**   **Postfach 1032**

Gartenblumen

Die Sommerblumen und Stauden für den Hausgarten
Ein „Gartenpraxis-Buch"
Von R. Hay, P. M. Synge, London, Dr. A. Herklotz, Hannover, und
Dipl.-Gärtner P. Menzel, Sinzig-Bad Bodendorf
357 Seiten mit 1152 Farbfotos auf 192 Tafeln
Kst. mit Schutzumschlag DM 38,-

Dieses Werk ist als besondere Ausgabe für den deutschen Gartenfreund
aus dem „Großen Blumenbuch" entwickelt worden. Es läßt bewußt die
Zimmerpflanzen und mit Ausnahmen die Gehölze weg, die mehr eigen-
ständige Themen geworden sind. Um so intensiver und umfassender
konnte die Behandlung der eigentlichen Gartenblumen vorgenommen
werden. Dies geschah unter Beachtung und kritischer Sichtung der mittel-
europäischen Pflanzensortimente. 1152 Farbbilder, darunter gut 200 neu
ausgewählte, bieten mehr als einen repräsentativen Querschnitt. Ein ehr-
geiziges Ziel wurde erreicht: keine Gattung in diesem Buch, die nicht
wenigstens in einer Art oder Sorte abgebildet wäre. Die Nomenklatur
entspricht wiederum dem neuesten Stand. Einem oft geäußerten Wunsch
wurde entsprochen: sämtliche deutschen Pflanzennamen sind, sofern vorhanden, nicht nur im Textteil, sondern auch im Bildteil mit angegeben.

Verlag Eugen Ulmer   7000 Stuttgart 1   Postfach 1032